河南评论家文丛

女性的天空

周艳丽 著

河南大学出版社
HENAN UNIVERSITY PRESS

·郑州·

图书在版编目(CIP)数据

女性的天空 / 周艳丽著. -- 郑州：河南大学出版社，2022.3
ISBN 978-7-5649-5039-2

Ⅰ.①女… Ⅱ.①周… Ⅲ.①妇女文学－文学创作研究－中国－文集 Ⅳ.①I206－53

中国版本图书馆 CIP 数据核字(2022)第 042160 号

项目总策划	侯若愚
责任编辑	侯若愚
责任校对	韩　露
封面设计	翟淼淼
出版发行	河南大学出版社
	地址：郑州市郑东新区商务外环中华大厦 2401 号 邮编：450046
	电话：0371-86059701(营销部)　网址：hupress.henu.edu.cn
排　版	河南大学出版社设计排版部
印　刷	河南瑞之光印刷股份有限公司
版　次	2022 年 3 月第 1 版　　印　次　2022 年 3 月第 1 次印刷
开　本	890 mm×1240 mm　1/32　印　张　8.5
字　数	153 千字　　　　　　　　定　价　34.00 元

版权所有·侵权必究

本书如有印装质量问题，请与河南大学出版社营销部联系调换。

内容简介

《女性的天空》为周艳丽近年来的文学评论合集,全书约16万字,共分三辑。

第一辑"女性与社会":主要收集的是周艳丽论述女性与社会关系的论文。如,《论当代知识女性的优雅格调——以"小女人"散文及其作者为例》《以现代女性意识解读"让女人回家"》《女性文学生命意识:性别和谐的切入点——以"五四"以来的女性创作为例》。

第二辑"女性与文学":主要论述的是女性作家的文学创作。如《论中国女性写作话语权的嬗变》《延安文学中女性生命意识的遮蔽》《中原女作家创作主题谈》《可上头条的〈头条故事〉——从乔叶的〈头条故事〉入选〈2019年中国女性文学选〉谈起》。

第三辑"艳丽论创作":主要收集的是近些年周艳丽对于

文学创作的一些看法以及她对一些作家文学作品的评论。如《语言的魅力——文学创作语言谈》《留白极致静　空旷无言美——以汪曾祺的〈故里三陈〉中的陈四为例谈文学创作中的留白》《文章千古事　得失寸心知》《文学是用真诚去爱的——以〈牵着手走〉为例》《行到水穷处　坐看云起时——以〈印象安阳〉为例兼论文化散文的写作》《文学的报告——以长篇报告文学〈中国棉〉为例谈报告文学写作》《论报告文学的宏大叙事——以长篇报告文学〈粮食，粮食〉等为例》《如水行板——由〈王剑冰的精短散文〉谈起》《情到真处文最美——以〈走过岁月〉为例谈散文的情感创作》《爱流涌动——以〈再顾已倾城〉为例兼论"诗缘情"》《知人论世——以〈路在脚下〉为例谈传记文学写作》。

目　录

第一辑：女性与社会

论当代知识女性的优雅格调
　　——以"小女人"散文及其作者为例//3

以现代女性意识解读"让女人回家"//16

女性文学生命意识：性别和谐的切入点
　　——以"五四"以来的女性创作为例//30

第二辑：女性与文学

论中国女性写作话语权的嬗变//49

延安文学中女性生命意识的遮蔽//62

中原女作家创作主题谈//77

可上头条的《头条故事》

　　——从乔叶的《头条故事》入选《2019年中国女性文学选》谈起//96

第三辑:艳丽论创作

语言的魅力

　　——文学创作语言谈//111

留白极致静　空旷无言美

　　——以汪曾祺的《故里三陈》中的陈四为例谈文学创作中的留白//124

文章千古事　得失寸心知//133

文学是用真诚去爱的

　　——以《牵着手走》为例//142

行到水穷处　坐看云起时

　　——以《印象安阳》为例兼论文化散文的写作//152

文学的报告

　　——以长篇报告文学《中国棉》为例谈报告文学写作//176

论报告文学的宏大叙事
　　——以长篇报告文学《粮食,粮食》等为例//188

如水行板
　　——由《王剑冰精短散文》谈起//211

情到真处文最美
　　——以《走过岁月》为例谈散文的情感创作//228

爱流涌动
　　——以《再顾已倾城》为例兼论"诗缘情"//244

知人论世
　　——以《路在脚下》为例谈传记文学写作//255

第一辑：女性与社会

论当代知识女性的优雅格调

——以"小女人"散文及其作者为例

所谓知识女性是指那些接受过高等教育,具有某种专业素质和技能,从事某种特定职业的女性,它包括女研究人员、女教师、女工程师、女律师、女医生以及女作家等从事脑力劳动的女性。

一提到知识女性,人们脑子里马上就会出现20世纪80年著名女作家谌容《人到中年》中的陆文婷的形象。陆文婷是位医生,人到中年,面临着生活和工作双重的压力。她为工作可以说几乎到了废寝忘食的地步,为家庭她也甘愿牺牲一切。但对于日常生活的品质没有过高的要求,她将自己视域的重点放在工作和家庭之中。因为有知识有文化,她不愿意放弃自己的事业,作为一名生活在现代中国的传统女性,在工作的同时,她仍然要兼顾家庭。最终,因为过度劳累,倒在了工作岗位上。这一形象就是传统观念中的知识女性形象。而文本所论及的当代知识女性,在知识存储方面的确与陆文婷有许多相似之处,她们接受过正规的大学教育,有自己的工作或事业。她们大多从事的是脑力劳动,主要靠工资及薪金谋生,有独立的经济来源和收入。但与传统的知识女性相比,当代知识女性的思想更独立,自我意识更强,她们追求物质享受的欲望更重,她们基本不会像陆文婷那样为了工作事业而牺牲掉自己。

本文之所以以"小女人"散文为例,是因为"小女人"散文的作者以及作品中的大部分女性就属于当代知识女性。所谓"小女人",是与"大男人"或"大女人"相对的一类女人,这类女人多数很有个性,特立独行,她们公开追求物质生活享受,追求高品质的生活,追求自我,有很强的独立意识,超凡脱俗,不愿意被别人界定为普通平凡的女性。而"小女人"散文特指20世纪90年代中期出现在沿海经济发达城市,表现女性都市生活,多发表于报纸文学副刊上,以女性创作反映当代女性生活的散文。"小女人"散文大多数是作家对日常生活身边小事的一些具体描绘和细小感触的表达。这种散文不同于以往男性作家所写的恢宏大气的散文,也不同于以文化为背景表达自己思想意识的文化散文。"小女人"散文往往着眼于家庭,以自己的经历、自己的活动范围,或自己目力所及的事为主,抒发自己的真实感受。代表作家有黄爱东西、素素、南妮、画眉、红尘、张梅、马莉、黄茵、石娃、周小娅等。

一

"小女人"散文的内容和题材多是日常生活和闲适情趣,作品的时尚气息很浓。这也是本文以"小女人"散文作品及其作用为例来论及当代知识女性优雅格调的原因所在。名牌服饰、新潮发型、摇滚歌厅、旋转酒吧、咖啡馆等具有很强时代感的东西成为她们生活及作品中的主角。"小女人"散文整个充满了一种当代知识女性的优雅格调。写作、喝咖啡、莳花弄草、养狗养猫、枕边絮语、揽镜化妆是她们生活中不可或缺的一部分。因为"小女人"散文的作者大部分生活都比较富足,很少为柴米油盐酱醋茶等日常琐事犯愁,她们有自己的工作,有自己的事业,也有自己专属的朋友圈,许多还有自己专属的蓝颜知己。她们是生活在城市中比较洒脱自由的一群人。小女人也有烦恼,也烦心,但她们追求的是更高层次的,诸如自己的理想如何实现,人生价值如何发挥等。画眉的《林黛玉的短信息》,就是这样一部"小女人"散文集。对她来说,文字不是工具或载体,而是她自己的一部分,因此,给读者更真实的感觉。这类文章也不仅仅只是在写她自己的生活,而是代表着都市里一部分如她一样的女人的生活。都市里如她们一样的女人在想什么,她们在文章中就想什么;如她们一样的女人在说什么,她们就说什么。她们用一双小女人的眼睛,从小女人的视角捕捉社会、感受生活。现代文学馆的北塔评价画眉的文章时说:"她的文字以艺术的方式、在理想的方向上再造了我们的生活,这是对自然的润饰,更是对造化的补缀,她的文字表现上没有一点激情和骚动,但是可以从中感觉到她在写作时其实是把自己投入进去的,不是以灯的方式,而是以镜的方式。"[①]

"小女人"散文多是以自己生活经历、家庭、工作、朋友、熟人为题材的作品,故而它们几乎时时处处都离不开"我",时时处处不会忘记表达"我",表现出一种强烈的以自我为中心的特征。如红尘的《红油纸伞》就是以一把红油纸伞为切入点,表达了她对于都市生活的感悟,文章处处充溢着一种个人情调。如红尘的另一篇文章《把生日独享》,写朋友忘了她的生日,她自己独自过生日的感受等。再如《红袖夜读》《遗世而独立》《单身女人的家用》等,均是在表达自己的小情趣、小快乐、小秘密等,字里行间写满了对自我的欣赏。黄爱东西在《花妖》这本书里记述的全都是一些日常小事,童年、初恋、学生时代等都有她无尽的留恋。

---

① 2002年3月,北塔在现代文学馆的演讲中提到的。

在《花妖》中,黄爱东西反复在强调自己就是一个普通的人,有很浓的世俗气和烟火味。表面的普通和平凡,并没能完全掩盖住"小女人"散文的清高淡雅。内里"小女人"散文是一种富含贵妇人气质的散文,是一种不同于世俗生活的高格调生活的表达。当然,这里所谓的贵妇人,应稍别于世俗泛称,而是确指那些基本能够自食其力,经济有保障,精神世界不甘贫乏并急于寻求认同的当代知识女性。红尘喜欢打网球、养宠物,这些爱好放在20世纪90年代来看,无疑对于普通老百姓来说是十分奢侈的。例如红尘在《不善理财》中述说自己不善于理财,她丈夫评价说:"你这种女人也好,不会为东西涨价呀、钱贬值呀痛心……"由此可以看出,像红尘这样的女子不是一般家庭中天天为柴米油盐酱醋茶操心的女人。为了解气,红尘还会一气之下"跑去友谊商场、重百大楼,一口气买了BOTON牛仔裙、皮带,宜加跑棒球帽,高尔普牛仔衬衣,还加一条西藏的骨项链"。这些对于普通家庭的女子来说,也只能是羡慕嫉妒恨却不可及。又如沫沫的《宽容是首歌》,她主张与世无争的散漫,她自己的生活则是"从巴黎的华服到罗马的首饰再到潮州的细纱"。

也难怪,因为"小女人"散文的作者大多诞生在20世纪60年代以后,接受过高等教育。如,黄爱东西毕业于中山大学生物系,素素与南妮毕业于上海复旦大学中文系,马莉毕业于中山大学中文系。同时,她们又生活在我国经济发达的沿海地区,都有一份收入不错的稳定工作。在商业文化的沃土中成长,没有传统的束缚,她们不仅在经济大潮中如鱼得水,而且深得其道。她们有相当的社会地位和文学素养,属于既有钱也有闲的女人。其思想更具有20世纪90年代"富起来的知识女人"的代表性,因此,最能适应这个时代,能够创作出既满足商业化社会的"消费需要"又不乏"文学品格"的作品。更何况在都市化时代,具有独立精神和特立独行的文化品格的现代知识女性,其本身就是现代都市一道亮丽的风景,她们本身就是时代潮流的引领者和标杆。正如美国社会心理学博士布洛特所言:"在大都市影响一般人的潮流趋势正是从拥有中等以上收入和教育程度的年轻女性开始的。"①像"小女人"散文中这类俏丽、新潮、机敏灵活、格调优雅的新女性,也是读者所喜欢的。她们是知识女性,从事的职业也多为记者或编辑。黄爱东西是广州《信息时报》的副刊编辑,马莉是《南方周末》的副刊编辑,素素是上海人民出版社编辑,红尘、画眉等均为报纸杂志或出版社编辑。职业决定了她们既拥有可以自由支配的时间,同时收入也不错。此外,她们还有较高的文化素质,有共同的兴趣爱好,讲究情调、穿着入时,甚至都前卫得不

---

① 史洛利·布洛特:《如何跨越障碍:个人事业的危机与转机》,钟夏平译,上海文艺出版社,2000年。

要孩子。她们的职业和素养决定了她们阅世多,信息灵,思想敏锐,观念新潮,具有很强的洞察力。

"小女人"散文的作者可以说是目前我国某些中产阶级的代言人,也是当代部分知识女性的代言人。她们坦率真诚、丝毫不隐瞒自己的观点,公然承认自己对消费的痴迷,她们崇尚消费,对优裕的物质生活充满渴望。对于置房买车、购物着装、养宠物都会津津乐道。正如南妮在《才女唐颖》中所说:"如果她本人是衣着马虎、颜容憔悴,对流行、品牌与都会时尚木知木觉的,她能写出精巧纯熟的都市题材小说吗?"① 所以正因为身体力行,才写得生动感人。

二

知识女性的闲适和优雅也是由我们今天这个时代造成的,是知识女性在特定的历史时期、特定的经济环境中所独有的。事实上,20世纪90年代以后,社会和经济的发展已经具备了使知识女性优雅和闲适的一切条件。

20世纪90年代后,物质的积累已经达到了满足都市女性小康消费的能力,同时,社会的发展也需要小康型的文学出

---

① 南妮:《才女唐颖》,载《你快乐,所以我快乐》,南海出版公司,1999,第130页。

现。而"小女人"散文恰恰处在这种文化土壤之中。"小女人"散文所描写的也正是大多数没有过上小康生活或向往小康生活的人所向往的,这也正切合了读者的阅读需求,因此,"小女人"散文产生和存在也是有一定文化基础的。所以,有人曾经说过:"只有在天高皇帝远的南方,宽松富裕的南方,纤巧娟秀的南方,才活得起宠得起这批悠闲精致优雅光鲜的小女人。"①这从另一个侧面也说明,优雅是需要一定的经济基础的。"小女人"散文之所以受到热捧还有一个原因,那就是20世纪90年代提倡闲适的生活方式,特别是"双休日"制度的实行,使众多的知识女性从忙碌的工作中解放了出来,似乎做家务也有了更充裕的时间。"小女人"们逛街、访友,挥洒自己的"闲适":"对我们而言,买衣服纯粹是体验买衣服的快感,买衣服是对自己美感鉴赏力、流行辨识力的一种测试。这是一种生活方式……"②这种生活方式就是新的空闲生活影响下的消遣方式,也是众多都市人的心态、生存状况的集中体现。

物质生活充裕富足,对娱乐及休闲的要求与品位更高,咖啡馆、高级酒吧、高级购物场所成为白领阶层重要的休闲场所,也构成了知识女性创作的重要意象。甚至有人把这种现

---

① 转引自贺爽:《"小女人散文":飘浮在商潮之上》,《南宁师范高等专科学校学报》2004年第3期。

② 素素:《猎艳》,载《就做一个红粉知己》,上海远东出版社,1995,第48页。

象总结为"小女人"散文的咖啡馆意象。

"小女人"散文营造的、欣赏的,正是这种咖啡情调,浓酽、香甜、优雅,在这样一种情调中,铺陈软性的文字,述说爱情、婚姻、家庭、时装、香水和化妆。不面对现实人生的严酷,回避生活的摩擦、冲突甚至苦痛,只在咖啡香里品味、沉醉。

三

在"小女人"散文中,体现当代知识女性优雅格调的大体有如下几个方面:

(一)日常生活中闲适淡定

优雅的女人不再为日常生活操劳,不再为蝇头小利费心,她们不再为一日三餐发愁,也不再为车子房子甚至票子劳神,她们身处世俗红尘中却很在乎瞬间的感受,所以,素素就说:"走在淮海路上,才真正显出了上海人的风度、教养和卓越。上海人就是适合这一点点异域风情,这一点点慵懒,这一点点娇贵,这一点点书卷气,就是迷恋这特有的与外面世界相契应的灵魂。"① 而南妮的《只为这一天》等这些为生活小"碰撞"而写的故事,根本找不到什么宏大的主题,有的只是轻松,是都

---

① 素素:《无奈细数落叶》,载《就做一个红粉知己》,上海远东出版社,1995,第31页。

市丰富生活的陈述和明证,虽看似女人式的调侃,但文章本身一点也不粗糙,内容大部分经过作者的思索、提炼,文字也经过了认真斟酌和打磨,从而使文章意境隽永,韵味悠长,处处彰显着新时代知识女性的惬意与舒适。值得一提的是,当代知识女性似乎统一表现出了对于咖啡的情有独钟,她们身处咖啡馆之中,被咖啡的香气包围着,她们的用意并不在品尝咖啡,而是在若有若无的轻音乐中,静静地坐着,诉说着自己若有若无的心事,或与好友聊天,或与蓝颜知己独坐无语,或读书写作,或者只是为了一杯咖啡等。总之,她们所钟情的是一种氛围、一种格调。她们笔下的咖啡馆或多或少地带有闺闱秘事的暧昧色调。素素认为,咖啡馆的情调不是为夫妻而设,因此不喜欢与丈夫单独去咖啡馆。(素素《生命是一种缘》)红尘也写到过与蓝颜知己在情调很好的西餐厅闲聊。素素与好友相约去喝咖啡,是因为咖啡馆里没有呛人的油烟味,环境明静幽雅(素素《生命是一种缘》),陈丹燕看中那里考究的汤与蛋糕(陈丹燕《咖啡苦不苦》),石娃在《香港的白粥、豆浆、油炸鬼》里对自己去香港喝咖啡津津乐道等。咖啡馆仅是女人优雅的一个意象而已,"讲男女的边缘化的感情、私房钱、美食、化妆品、香水等,琐琐碎碎,披露女人细节化的生活"[1],为日

---

[1] 贺芒:《当代小女人散文的咖啡馆意象》,《求索》2007年第8期。

常生活增加时髦的标签及美丽梦幻的色彩,这才是"小女人"所要的。

(二)"小女人"自我身份的一种参照

在日常生活中,优雅女性的交往圈子中也多是同类,素素与南妮是复旦同学,而马莉与黄爱东西是中山大学校友,张梅与马莉、黄爱东西又同处于广州的文化圈,相互之间十分熟悉并彼此欣赏。素素《生命是一种缘》的序是南妮写的,南妮写了与白衣白裙的素素偶遇,素素的矜持、文静、优雅的距离感令南妮十分欣赏。张梅与黄爱东西在交往之初,黄爱东西的青春时尚、热情美丽以及读书品位让她一见如故,成了十分投缘的好友。她们欣赏的,正是对方的矜持、优雅、时尚、品位,也从对方身上获得自我影像。①

(三)贵族化的幻想

西方的沙龙是宫廷生活晚期的产物,将宫廷的贵族气与新兴的中产阶级的优雅融为一体,性质是一种私人集会,有充满情调的家庭会客室、高雅而富有的女主人,以及充满艺术气息的文人雅士。

沙龙女主角充满艺术气息,为聚会制定高雅的标准,并使聚会充满亲密暧昧的气息。这也是"小女人"式的知识女性所

---

① 《可心甜品直比美酒加咖啡》,《南方都市报》2004年4月8日。

追求和向往的。像咖啡馆、酒吧等高级娱乐场所,因高昂的价位也成了阻挡普通人进入的门槛。而这正是"小女人"所向往的,她们在这里对家事、恋情、服饰、美食的津津乐道,使得这些场所有很强的私密性。"这样的场所,往往是与闺中秘友或蓝颜知己对坐的地方。可以与最好的女友在西湖旁的左岸咖啡的露台上看断桥,也可以与富有的蓝颜知己在西餐厅共进午餐。有一种亲密的情绪在这些场所流淌,但并不激烈,她们标榜的正是沙龙式的'柏拉图式的恋爱'。是一种种远远的注视与悄悄的关怀……"①

(四)闲适,女人的至爱

如果说经济时代的最大特点是忙的话,那么知识女性所追求的则是"闲","有闲"。现实中她们可以是繁忙的白领,但至少在她们的散文中给人的感觉是闲。南妮有一篇文章专门称赞"闲":"'闲'是一个好字。闲钱、闲情、闲暇、闲游……可以有闲钱买心爱之物,可以有闲情来品味与思索,这样的人生才称得上一种圆满。……闲才是一笔大财富啊,闲才是真正为自己活着。"(《闲即是福》)她们是衣食无忧、沐浴在夕阳下读书的闲人,自然有闲情写闲事。"小女人中唯一的一位职业作家张梅更是'闲得执着,闲得美丽,闲得无奈,闲得干净'。

---

① 贺芒:《当代小女人散文的咖啡馆意象》,《求索》2007年第8期。

她的散文基本上是闲人对日常生活、人情世故的感受和参悟。读她的文章感觉她在与你聊天,与你谈宠物的可爱(《宠物》、《猫食》、《猫趣》),谈纸上生涯,'给人的是浪漫,自己却是寂寞的'。(《纸上生涯》)谈家与汽车孰重孰轻(《家与汽车》)。"①

在"小女人"散文里没有激情万丈,更没有万马奔腾,只有日常平凡和窃窃私语;没有宏大主题和革命精神,只有时尚潮流。"小女人"散文不追求博大精深,只求情感描写的细腻逼真。她们有钱又有闲,不为日常生活所累。"小女人"散文重在咀嚼生活、品味生活,所以文章更多是围着时尚家庭在打转转。这也是当今时尚又优雅的知识女性所追求和享有的有优雅格调的现代生活。

---

① 贺爽:《"小女人散文":飘浮在商潮之上》,《南宁师范高等专科学校学报》2004年第3期。

以"现代女性意识"解读"让女人回家"

不可否认,当代社会,大多数女性已经走出家庭,积极介入社会生活中,并取得了骄人的成绩。但是,在当今仍以男性占主导地位的现代社会中,女性在投身社会现代化建设的过程中,仍然处于传统与现代的夹缝中。

对于现代女性来说,一方面,以男权价值观念作为一种判断的价值观并未泯灭,社会上仍然要求女性除做好本职工作外,还必须尽"贤妻良母"的天职,既为人女为人妻为人母,就要承担这世界上"一半"的责任与义务。另一方面,她们经过现代文明的洗礼,走向了广阔的社会,具有了初步独立的人格,现代文明的洗礼与独立的人格意识使她们在精神上追求自我价值的实现,希望在事业上与男子一样有所作为。

而现实生活中,性别歧视、工作困难、双重角色的重压,使得她们在事业上与男子处于事实上的不公平竞争中。她们在努力作好本职工作的同时,还需要努力兼顾传统角色以平衡家庭事业的关系。著名女作家王安忆就曾经多次表示,让愿意回家的妇女回家去。因为我们的社会尚未为妇女走向社会提供全面的基本物质保障,女人身心两方面都过于疲劳。与其两头顾不过来,还不如索性放弃就业,从事基本的家务劳动——专心致志地建设自己的家庭。人类文明的进步表明家庭的存在是必然永恒的,而当有一天家庭不再成为女性的牢笼而是男女两性的自在存在场所时,女性将重返家庭,这是女性的愿望。而目前问题的关键是,当今社会还没能为女性双向发展提供足够的条件和保障。这时,如果说仅只为缓解女性双重角色的压力和解决劳动力过剩的问题,就提出"让女人回家",笔者认为是不现实的。诚然,谁都不否认家务劳动的价值,然而目前我们的社会还不能以付工资的方式来肯定家务劳动对社会的贡献,家务劳动还没有纳入国内生产总值的统计,而此时,女人若退回家中,她们的平等和尊重就无法得到真正的保证。

不可否认,当今社会持女性回归家庭观点的人并不是少数,不仅仅是男性,甚至一些高层次的知识女性和许多女大学生也都十分赞同女性回归家庭。

2001年有人曾经在北京大学、南开大学和天津大学等著名高校做过一项专题调查,其中敢于参与社会竞争、大胆追求事业成功的女大学生在整个女生群体中只占少数,大多数女生对事业的理解只是一份好工作,而对家庭幸福却抱有极大的期望,很多女大学生希望自己今后能够成为贤妻良母。不少女大学生认为以往妇女解放所提倡的男女平等是在生存竞争中没有保护与照顾的平等,这种解放的沉重代价是婚姻家庭的松散和女性风度魅力的丧失。2003年9月12日《中国青年报》就曾经报道湖南部分高校的女大学生不忙于就业而忙于征婚,在岳麓区某婚介所的6000多名会员中,在校女大学生有近60人。2004年3月18日的中国新闻网报道:据北京市海淀区某婚姻介绍所的资料统计,近两年"在校大学生的征婚业务"连翻几倍,仅2003年该婚介所就接到了137件这样的单子,其中女生占95%以上。① 为何在人类社会日益走向文明、开放的今天,在妇女为自身的解放奋斗了近百年后,却又出现了"让女人回家"这种文明倒退的现象呢?究其原因,笔者认为有以下几方面:

一、传统性别意识仍然禁锢着人们的思想。农业社会的出现尽管使人类告别愚昧走向文明,而女性却走向历史性的失败,成为男权所有的私人财产,女性价值在男权社会中只有在家庭这一唯一存在场所中,通过辅佐丈夫和在母亲的含义

---

① 陈晓煌:《反思青年知识女性价值观回归传统》,《零陵学院学报》2004年第4期。

上才能得到承认,"宜室宜家"成为男性社会评价女性最基本也是最核心的价值标准。

今天,社会解放使女性取得了独立的政治经济地位和从事社会工作的权利,女性虽然走出家庭走向社会,但历史形成的男权观念观照下的女性价值仍在制约着女性作为独立个体的价值实现。传统男权文化把女性特征描述为温柔体贴、美丽可人、善解人意等。这种描述来自男权文化对女人的期望,女性自觉或不自觉地接受或默认了这种角色规范。著名女作家张辛欣的《在同一地平线上》就是通过一对年轻夫妇相恋又对峙的矛盾,表现了女主人公这种内心的惶恐和不安。《在同一地平线上》中的男女主人公真诚相爱,但他们无休止地争执、冲突、吵闹,使他们最终离异。为什么?就是因为女主人公感觉他潜意识里没有把她放在与他同一地平线上。男主人公是青年画家,是渴望出人头地的工作狂。他需要妻子成为站在他身后的全力支持者。他想:"我在外面要对付的东西实在够多了,回到家里,我就是需要她温顺、体贴,别吱声,默默做事,哪怕什么也不懂。"(张辛欣《在同一地平线上》)这不仅仅是青年画家的愿望,而是现代社会部分男性对女性要求的心声。尽管张辛欣的小说发表距今已超过 40 年,但时至今日,小说中青年画家的想法仍具有极大的普遍性和典型性,这是大多数男性普遍的心理,他们不希望自己的妻子事业超过自己,男性更倾向于选择学历和才能都比自己低的女性为伴侣,他们担心高学历的知识女性因为事业心强丧失自身的特性,对自己和家庭构成潜在的威胁,影响到家庭的稳定和幸福。而《在同一地平线上》中的女主人公恰恰是一位有事业心的女性,女主人公意识到在生存和社会竞争面前,不可能讲究女士优先。面对残酷的现实,女主人公清醒地认识到:"我还能再退到哪儿去呢?难道把我的一点点追求也放弃?生个孩子,从此被圈住,他就会满意我了?不,等到我自己什么也没有了,无法和他在事业上、精神上对话,我仍然会失去他!"可见,女主人公已经强烈意识到不能与丈夫"同步"和"共鸣"所带来的危机。

二、相对于男性,女性的性格特点,更适宜回归家庭。人类文明的进步表明,家庭存在是必然而永恒的。家庭是社会的最小细胞,家庭和谐美满是社会和谐的基础,而幸福美满的家庭让人干事业没有后顾之忧,有了痛苦可以分担,有了成功可以分享。有爱情与亲情做后盾,才敢于更加自信地向社会挑战,家庭和谐美满不仅仅有利于男性事业有成,同时,它也有利于女性的身心健康。我国是一个重视家庭文明的国家,家庭的幸福和和谐有益于社会安定,包容性的人际关系和文化素质首先是在家庭中培养的。因此,家庭对于社会的长期稳定和发展起着至关重要的作用。

而女人在处理家庭事务上,似乎有更多的天赋和本能。由于传统观念的影响,女性自幼就开始锻炼照顾别人的能力,女人从一出生,人们就按照传统的社会角色和家庭角色去塑造她,并培养出她们对家极强的责任和义务感。特别是长期的家庭生活使她们逐渐形成了坚强、容忍、克制、含蓄、凝重等优秀的传统女性气质,这样的气质是家庭和谐不可缺少的。女性的这种品格无论是用于社会还是家庭,都将产生积极的作用。

由于男女因性别不同而产生的心理特征也不相同,相比较而言,女性的依赖性更强些,她们更看重家庭和爱情。对于多数女性来说,爱情、家庭、生活的幸福重于事业成功。据一项对上海高校女知识分子的调查显示,有75.1%高校女知识分子将"家庭幸福"列为首位,其次为"孩子出色"占46.9%,第三位才是成绩卓著占41.7%。从以上数据我们也可以看出,女性天性还是比较眷恋家庭。

一般来说,个人的成就动机是推动获得成就的内在力量,个人的成就欲望高低与他所能取得的成就成正比。因长期以来男女发展的不平等势必影响女性的成就动机和意愿的形成。在现实的困境面前,与其临渊羡鱼,不如退而结网,这更利于女性安心经营好家庭。一项调查表明:当代女性在碰到家庭和事业矛盾时该如何处理的问题上,有56%的人说不清或难以确定,有26.7%的人选择牺牲事业,有13.8%的人选择牺牲家庭。黎莎(雪柯《女人的力量》中女主人公)与以往女作家笔下的女性有所不同,可以说她是以柔克刚的代表和典型。她是女性,并且是一位富有才情和抱负的女性,同时,她也通过自己的事业实现了自己的人生理想,体现了现代女性的价值,但黎莎却不同于荆华、柳泉、梁倩(张洁《方舟》)和陆文婷(湛容《人到中年》)们。黎莎凭借着女人特有的柔韧,富有弹性的软化力量,像潺潺畅流的溪水,有自己的风韵,自己的冲击波,像习习醉人的暖风,有自己的情致、自己的驾驭力。作为市合纤厂厂长,她跻身于一向以男性为中心的权力领地,她充分认识到"女人有着男人没有的强点,也有着男人没有的弱点"。知道自己的强点和弱点.对于女人来说,是最重要的。黎莎正是认清了女人的强点和弱点,所以,她以温顺的央求软化了妒火正旺的男人周鲁生的心,在以必要的冷淡教训了这个骄傲的男子汉后,便用一种女性的依恋和全身心的信赖接近他,把他当作自己强有力的参谋,从而使她对面少了一个敌手,身旁多了一个志同道合的友人,她的女人力量在这之中自然地强化充实了。在对她怀有特殊感情的技术科长韩春光面前,黎莎并不掩饰300吨丝大宗退货的消息对她的沉重打击,她真诚地敞开了自己。她的焦灼,唤起了同情,她的温柔、矜持以及抱歉的笑,冲淡了一个女人对一个男子提出的过难要求,她以诚挚的、信赖的情感,与这个男子有了感情沟通,激起了他义不容辞的责任感,使他怀着坚定的信心去完成她交给的任务。① 尽管作者刻画黎莎这个以柔克刚形象的目的在于向人们展示女性靠阴柔之美同样能取得事业的成功,但从另一个角度也说明女性的性格魅力所在。

三、女性,在双重压力的夹缝中前行。在漫长的封建社会里,由于生产力低下,自给自足的农耕经济使女性被禁锢在家中,角色的单一使女性依附男性,甚至受男性奴役,但却没有权利和能力跳出家庭的樊篱,无法解除依附关系。因为在家庭中,男子是主要的劳动力,是经济财富的主要创造者,妇女"不能自食,必食于人;不能自衣,必衣于人"。恩格斯曾经指出:"妇女解放的第一个先决条件就是一切妇女重新回到公共的劳动中去。"不能自食其力的妇女,只能把自己的社会角色定位于家庭里。恩格斯说:"只要妇女仍然被排除于社会生产劳动之外而只限于从事家庭的私人劳动,那末妇女的解放,妇女同男子的平等,现在和将来都是不可能的。妇女的解放只有在妇女可以大量地、社会规模地参加生产,而家务劳动只占她们极少的工夫的时候,才有可能。"而事实上,直到今天,家

---

① 王彩萍:《知识女性的出路:女性气质的积极社会实现——从〈方舟〉和〈女人的力量〉谈起》,《山西大学师范学院学报(综合版)》1995年第3期。

庭的存在、维系以及正常运转,在很大程度上还是靠女性来实现和完成的。相夫教子、侍奉公婆、操持家务成为女性最主要的生活内容,以夫贵妻荣为自己的人生追求,以做一个贤妻良母为自己的义务、责任,仍是当今大部分女性心向神往的。

随着社会的发展、人类的进步,特别是随着工业文明对更多劳动力的需求,随着人类意识的进一步觉醒,女性意识也开始苏醒,女性的活动场所和自我意识也随之扩大。妇女对自身解放的要求也进一步提高,她们不仅要求婚姻自由,更要求提高自身的生活质量和生命质量。随着现代文明的进一步推进,女性与男性的要求越来越趋向一致了。

特别是在现代化的社会中,随着经济地位、社会地位的提高,女性逐渐开始享有独立的人格,经济生活上的完全独立,使她们对自己的角色定位开始不再囿于家庭这个小圈子,而把目光投向了社会这片广阔的天地。女性们自己明白:一个女性想要拥有尊严生活的基本保障,是经济地位和社会地位的独立与自由。她们关注自己的社会地位、社会价值和社会评价,于是她们很自然地就会把自己的角色定位在职业上。她们相信,在智力而非体力竞争的经济时代,女人的智慧并不比男人差。凭她们自己的能力完全可以在事业上有所作为,她们渴望挑战自我、实现自我。然而,女性冲出家庭,走向社会,实现了自我价值,就能够得到幸福吗?正如鲁迅所说:"自由固不是钱所能买到的,但能够为钱而卖掉。"①有许多女性因失业而失去家庭,又有多少女人在追求经济平等的过程中失去人格。换句话说,即使如今天的妇女在经济和法律上都得到了充分的保障,她们就能真正摆脱困扰她们的传统和现实的烦恼吗?一方面,政治经济的平等作为一种制度被建立起来,女人和男人一样享有就业的机会,享有同工同酬,那么女人也必须和男人一样完成本职工作,因为在激烈的竞争面前,不可能讲究女士优先。另一方面,在目前仍以男子为中心的现实社会中,性别歧视仍比较普遍,"贤妻良母"被视为女性的天职和第一要义。所以,作为现代女性,她同时要承担来自工作、家务两方面压力。因此,现实生活中,性别的歧视、工作的困难、双重角色的重压,使得她们在事业上与男子处于不公平竞争之中。她们在努力做好本职工作的同时,还需要努力兼顾传统角色以平衡家庭和事业的关系。在家务劳动社会化程度不高的现实生活中,她们实际上干着两份全日制的工作。所以,每一位职业女性实际上都处在现实与传统的两难之中。

20世纪80年代著名女作家湛容的《人到中年》可以说是第一篇诠释中国女性两难境遇的作品,女主人公陆文婷极想扮演好三重角色,做一个好医生、好妻子和好母亲。三种职责

---

① 鲁迅:《坟》,人民文学出版社,1973,第130页。

都要求她去献身,她为此竭尽全力,却力不从心,最终无可奈何地倒下了。

此外,张洁和张辛欣也较早写在家庭和事业夹缝中挣扎而十分痛苦的知识女性,张辛欣笔下的女性个个争强好胜,社会危机意识、竞争意识很强,她们已经意识到,女人与男人面对的是同一个生存竞争的世界,而在残酷的现实面前,并不讲究女士优先,所以,女人要想和男人处于同一地平线,就必须和男人一样去奋斗,而完全像男人一样拼搏,那就意味着要失去很多女人的特质与做女人的快乐,而这又是男人所绝对不允许的,所以女售票员错过了自己心仪而钟情的男子。(张辛欣《我在哪儿错过了你》)而《在同一地平线上》的女主人公却恰恰因为要寻找和男性"同步"和"共鸣"的地平线,而失去了自己心爱的人。因为在现实社会中,"男强女弱"已经成了普遍存在于人们观念中的一种定式。一个男人若在工作中表现得威严、果敢、干练,人们会认为理所当然,而一个女性若在工作中表现出过多这样的个性,则会被许多人看不惯。在择偶上,人们更是希望"男主外女主内""男强女弱",女人对男人要有依附感,男人不喜欢妻子比自己强,这会给他们带来心理压力,威胁到他们的自尊心和虚荣心。

所以,一般男性都选择各方面低于自己的女人做妻子,这样男性在生活中才能处于主导和控制地位。而张洁的《方舟》

则表现了女性的另一种生存状态。曹荆华、柳泉和梁倩是三个事业有成的女性,她们不指望男人,自己独撑一片天空,只身闯荡社会,试图开创女性生存的理想空间。她们不同程度靠自强实现了自身价值,取得了经济与社会地位的独立,摆脱了男性的依附,但她们仍然得不到应有的幸福。为何？正如张洁所说:"也许这(女人的事业和爱情)是一个永远不可调和的矛盾,你要事业,就得失去做女人的许多乐趣,你要享受做女人的乐趣,就别要事业。"①面对女性家庭事业的两难选择,张洁大声疾呼:"女人,女人,这依旧懦弱的姐妹,要争得妇女解放,决不仅仅是政治经济地位的解放,它要靠妇女的自强不息,靠对自身存在的价值的自信来实现。"②张洁试图用事业的成功和同性爱的方式为女性彻底解放找出路,但却失败了。因为在传统的以男性为中心的社会中,拒绝男性就是拒绝人类。徐坤则试图通过回归家庭来为女性寻找出路,所以她在《厨房》的开篇称:"厨房是一个女人的出发点和停泊地。"而本篇中的枝子是一个富于才情和灵性的名校女大学生,因为原本很眷恋家庭,所以她就留在家中,然而婚后繁重琐碎枯燥的家务使她忍无可忍,最终她还是不甘于做一辈子的"灶下婢",

---

① 张洁:《方舟》,载《新潮女性文学导引》,湖南文艺出版社,1995,第129页。
② 张洁:《方舟》,载《女俘》,时代文艺出版社,1992,第490页。

于是她义无反顾抛雏别夫,冲出家门,逃离"围城","向那冥想当中的新生活奔跑"。她终于获得了成功,女性自我的价值得到了充分体现,"百炼成钢"成了远近闻名的一名新秀,不但能与男人并驾齐驱,且势在超越,令男人们刮目相看甚至倾倒臣服。这足以证明,在智力而非体力竞争的时代,处于同一地平线上,女人并不逊色于男人。而即使这样,结果又如何呢?枝子再也回不去她钟爱着的家了。

西方国家经历了自20世纪60年代以来声势浩大的女权运动之后,又出现了职业女性"回家做全职太太"的新潮流。美国女社会学家以"第二次换位"概念来界定职业女性回家,即女性的第一次角色转换发生在职业生涯之初,在成为母亲后,她们开始第二次角色转换——从办公室转入卧室。职业女性辞职回家是建立在独立的人格和自由选择生活方式的基础之上的,诸如她们把成功界定为满足、平衡和精神健全。而国内出现这一种传统观念回潮,尚不具备这样的心理基础和社会背景。在国内,男权文化仍然是社会的主导,女性群体独立的人格特征尚未完全形成,社会对女性角色的定位尚未摆脱传统的束缚。这样一种传统观念的回归,既不利于整个女性群体的解放和发展,也不利于社会的全面提高。

我们解构男权文化的目的并不在于拒绝男性,而是为了寻找一种更和谐、平等的两性关系,创造更新更丰富的人类生活方式。孙绍先在《女性主义文学》一书中曾经说:"女性既不应该继续做父系文化的附庸,也不可能推翻父系文化重建母系文化。出路只有一条:建立'双性文化'。"①双性文化才是拯救和完善人类文化的一条比较现实可行的道路。因为,人类发展的目的是使人日臻完善;使人的人格更加丰富多彩,表达方式更复杂多样;使人作为一个人,作为一个家庭社会的成员,作为一个公民和生产、技术发明和有创造性的理想家,来承担各种不同的责任和义务。我们这里所说的人既包括男人,同时也包括女人。当家庭不再成为女性的牢笼而是男女两性自在生存的场所时,女性将重返家庭,这不仅是女性的愿望,也是人类文明发展的必然,事业成功的价值实现和爱情家庭的和谐美满是人类追求的终极目标,自然也包括女性。

---

① 孙绍先:《女性主义文学》,辽宁大学出版社,1987,第130页。

女性文学生命意识：性别和谐的切入点

——以"五四"以来的女性创作为例

和谐，一直是人类社会孜孜以求的终极目标。从根本上看，社会和谐最根本的是人与人关系的和谐。因为，人是构成社会的主体和中心，而人是由男人和女人构成的。所以，男女两性关系是社会诸多关系中的核心和关键，它渗透在社会的各个角落，影响着社会诸关系的发展。首先，它影响着不同民族、不同阶层、不同群体的发展。其次，它还制约着政治、经济、文化、社会等的可持续发展。最后，它影响着家庭的幸福、民族的团结和国家的兴旺。应该说，衡量一个社会进步的程度，不仅要看经济的强大、政治的昌盛、文化的繁荣，同时也要看男女两性的平等和谐程度。两性和谐可以说是构成社会和谐的核心内容与关键条件。因此，许多国家都把两性和谐作为社会追求的目标。

关于性别和谐标准的界定说法不一，但核心只有一个，即在性别关系平等基础上的互补与合作。对性别和谐进一步解构则是：1. 男女两性在民主参政权利、法律地位、经济地位、文化意识形态各方面以及受教育权利、婚姻家庭和人格等诸方面是平等的。2. 由于天生的性格差异，在社会分工、就业方面应该是互补的，社会的发展是靠男女两性共同合作来完成的。3. 性别和谐对于男女两性均是公正公平的。首先，和谐的两性关系可以促进女性的发展，但不以牺牲男性为代价，更不能以女性取代男性成为权力的中心，反之亦然。其次，性别和谐并不意味着男女两性之间不存在对立和矛盾。

由于男女两性生理上的差异，决定了男女在社会上所承担的角色不同，分工也不尽相同，"男主外女主内"并不纯粹是男尊女卑的结果，也有性格的因素。但在长期的历史发展进程中，由于这种建立在生理基础上的社会分工被赋予了更多的社会内容，对于这种自然分工的评价标准也掺入了更多的社会内容，评价就不同了。因此，就造成了整个社会评判男女不同的价值标准和道德观念，人为地造成了在社会地位、个人发展等方面男女后天的不平等。而性别和谐中的男女真正平等，应该仅是男女在社会上所承担的责任和义务不同，这种不同只是建立在生理差异基础上的社会分工不同，并没有高低贵贱之分。

其实，影响性别和谐的因素有许多，本文之所以以女性文学的"生命意识"为切入点,原因在于,"生命意识是人类发展到一定阶段后,对自身生命所进行的自觉的理性思索和情感体验,即对生命的存在、人类的价值、生存的意义诸问题的追问与反思,以及在此基础上对生命自由的追求、对生命痛苦的超越"①。这种对生命意识的解释也许还不够权威,但从某些方面来看,它还是涵盖了生命意识的本质:从大的方面说,生命意识应该是指人的生命价值大小和实现生命价值所具有的意义;从小的方面看,生命意识应该指人对自我肯定的程度和实现自我价值的轨程,它实际上将人从精神生命到肉体生命的各种价值和意义都涵盖了。

而女性文学创作,实质上是女作家不断追问女性生命价值的精神历程,是女性生命以及生存理念在文学文本中最深切的表达,女性文学创作所表现的女性生命意识也是女性现实中的生命存在在文学文本中的一种体现,中国的女性文学史首先是一部女性精神成长的历史,女作家对生命意识的文学建构,是女性自我创造和自我实现的合理诉求在文学场景中的自觉表达。因此,生命意识作为一种精神征象,恰恰描绘出了一个世纪以来女性自我存在的思想轨迹,将女性文学所建构的生命意识作为一个求证性别和谐的切入点,我认为是

---

① 李术文:《生命的歌吟——论朱敦儒词的生命意识》,《太原大学学报》2005年第3期。

再恰切不过了。

纵观整个20世纪中国女性文学发展史不难发现,女性文学所建构的生命意识实质上使女性生命存在和自我精神得到了一种螺旋式的提升。从原始社会起,它经历了由女性至上(母系社会女人被尊为神)——→男人对女人的压迫(三从四德等,男人为女人制定了生存之法)——→女人对女人的压迫(《女诫》《女论语》《内训》《女范捷录》等女人自己为自己制定了行为规范)——→男人解放女人(五四时期的思想启蒙)——→女人自身求解放(新时期女性追求自我的解放和发展)等过程。数千年的人类文明发展史充分证明,女性在争取自我价值实现的整个过程中,经历了由神到人到女人再回归人的过程。

母系社会,人类处在洪水、猛兽和疾病的侵袭和包围之中,再加上当时生产力水平低下,要想提高生产力水平,必须保存和延续生命,这成为母系社会的首要任务,而恰恰这一任务只有女人才能完成。在生产劳动中,女人也是主力军,像采集果实、加工兽皮、磨制骨针、缝制衣服等工作也是主要由女人完成,女人当之无愧成为母系社会的主角。不仅如此,像采集技术、制陶技术,甚至火的使用和养蚕等当时比较先进的技术也是女性发明出来的,经济基础决定上层建筑,原始社会的物质条件和经济基础决定了女性必然是社会的主宰和宠儿。但是随着社会的进步和发展,特别是生产力水平的不断提高,繁重的体力劳动和部族之间的争斗越来越多,这就需要男性从幕后走到前台来,男性一旦登上历史的舞台,很快就成了社会的主宰。他们取得了对家庭财产的支配权,成为创造社会财富的主力,在家庭和社会中地位越来越重要,而女人逐渐被排斥在社会劳动之外,丧失了对生产资料的支配权,丧失了创造物质财富的能力和手段,自然在生产关系中处于从属地位,在经济生活中也失去独立性,完全依附于男人。女性从神坛上被赶了下来,这恰恰是社会进步、经济发展的有力证明。特别是在经历了奴隶社会和封建社会后,女性的社会地位越来越弱,直至消失殆尽,彻底丧失了自我,这也是历史发展的必然。

人类社会自从被男性掌控后,他们从政治、经济和文化等各个方面开始了对女性的绝对控制。在一系列不平等的封建制度束缚下,女性的自我意识不断被弱化。特别是历经岁月的磨蚀,父权制意识越来越得到强化,使大多数女性自觉接受了自己比男人低一等的现实,屈从了男权的统治。这种男性化社会意识被源源不断地一刻不停地灌输到女性的精神世界里,促使女性接受父权制意识之下的价值观、伦理观、人生观,日久天长,以至于她们自己和男人一样,站在一个"旁观者"的立场去看待女性自身,在相当长的一段时间内,女性往往不知道自己是受压迫的,这也是作为女性最可悲的。

在中国整个漫长的封建社会里,女性一直被看成传宗接代的工具,牢牢地镶嵌在父权制统治下的社会秩序之中。"女四书"等成为约束女性最典范的工具。"女子无才便是德"的荒谬逻辑,把女德和女才绝对对立起来,女性的聪明才智被进一步地扼杀了,在这样的社会环境中,中国知识女性形成一个实感群体,她们要想联合起来,为女性自我意识去争斗的可能性几乎就不存在,女性完全被封建社会湮没和掩盖了。

一

其实,在整个20世纪的女性创作中,自始至终贯穿着生命意识这个主题。问题小说的出现,"人生究竟是什么?"的质问,则是女性生命意识觉醒的开始。历经一个多世纪,经历几代女作家的共同努力,女性文学的生命意识在不断得到深化,以生命为界限,用文学作为表达手段,牢牢地把女性生存和女性自我表达结合起来,女性自我与主体性问题最终通过生命意识这个概念在文学中得以表达。

五四运动对于当时的知识女性而言,最大的收获则是她们生命意识的觉醒。五四时期,在男性知识分子的启蒙下中国女性自我生命意识开始觉醒,她们的觉醒首先是人的觉醒,争取一个人的权利和自由,是这一时期女性生命意识的主要表现,如追求个性解放、争取婚姻自主、自我欲望表达等。

"人生究竟是什么?我应该如何度过自己的人生?"是这一时期女作家思考最多、最深的问题。"不得自由我宁死。"(冯沅君《隔绝》)"什么时候才认识了女人是人呢?"(石评梅《董二嫂》)"要做一个社会的人。"(庐隐《自传》)"世上的人对于命运有三种态度,其一是安命,其二是怨命,其三是造命。"(陈衡哲《我幼时求学的经过》)这批女性先知者,一踏上文坛,就以自己的性别意识在昭示文坛:我是女人,我要表达女人的意愿。

这一时期的女性文学作品,尽管无论是题材还是叙述风格,因人的不同而各异,但她们对性别意识的敏感和对人生价值的追求、对生命意识的建构却是相同的,尤其是对女性命运的深刻体察与忧患,成为她们共同的话语基础。冰心是"问题小说"提出的第一人,《超人》(1921年)最早提出了"人生究竟是什么?""支配人生的,是爱还是憎?"冰心求索的答案是"爱的哲学"。"即宣扬自然爱、母爱、儿童爱。"[①]"茫茫的大地上,岂止人类有母亲?凡一切有知有情,无不有母亲。有了母亲,世上便随处种下了爱的种子。于是溪泉欣欣的流着,小鸟欣欣的唱着,杂花欣欣的开着,野草欣欣的青着,走兽欣欣的奔

[①] 钱理群、温儒敏、吴福辉:《中国现代文学三十年》,北京大学出版社,1998,第52页。

跃着,人类欣欣的生活着。万物的母亲彼此互爱着;万物的子女,彼此互爱着;同情互助之中,这载着众生的大地,便不住的纡徐前进。懿哉!宇宙间的爱力,从兹千变万化的流转运行了!"(冰心《悟》)爱是冰心对于生命意识、对自我、对人生、对存在的一种真实感受、一种自然表白,爱成为冰心的一种人生态度和立场。冰心通过何彬(《超人》主人公)表明,不仅仅人与人之间维系关系的是爱,就连宇宙万物也是靠爱来维持的。

庐隐在她的《海滨故人》中就曾经写道:"人生到底作什么?……牵来牵去,忽想到恋爱的问题上去,青年男女,好像是一朵含苞未放的玫瑰花,美丽的颜色足以安慰自己,诱惑别人,芬芳的气息,足以满足自己,迷恋别人。但是等到花残了,叶枯了,人家弃置,自己憎厌,花木不能躲时间空间的支配,人类也是如此,那末人生到底作什么?……其实又有什么可作?"

陈衡哲的《络绮思的问题》故事情节更简单,女主人公络绮思为了自己的事业,放弃了与老师瓦德的婚约。耐人寻味的是故事结局,十几年后已经成为哲学教授的络绮思做了一个奇怪的梦,梦中她是温柔的妻子和两个可爱孩子的母亲。就因为这个梦促使她开始思考人生意义的问题,最终她得出,人生的选择有多种可能性。

假若络绮思当时不是选择了事业,而是选择了婚姻,如今又会如何？到底如何才算是成功呢？女性如何才能实现自身的价值呢？评判一个女人成功的标准到底是什么呢？由此看来，家庭与事业的两难境地，在21世纪初就已经摆在知识女性面前了。

在此后的近一个世纪中，如何平衡家庭与事业一直是困扰着女性的一大问题。就整个五四时期的女性创作来看，女性开始思考家庭之外的问题，对于整个妇女解放来说，就是一种质的飞跃。五四时期，一直囿于家庭、闺阁的女性，在男性先知者的启蒙下，开始了对自我命运的思考和对封建传统观念的抗争。她们敢于从"三从四德""三纲五常"的束缚中跳出来，这本身就需要一种勇气，争取婚姻自由，争取个性解放，勇于表现自我，大胆表达作为人的生命主体意识，是她们在妇女解放进程中迈出的很坚实的一步，这一步不仅对于妇女本身是一种质的飞跃，在整个妇女解放的历史上也是十分重要的。

二

20世纪三四十年代，随着社会革命的深入，特别是阶级矛盾和民族矛盾的进一步激化，使中国女性不得不脱离狭小的个人生活圈子，走入广阔的社会天地中。而轰轰烈烈的革命运动，恰恰是女性张扬个性、发展自我的绝好机会，她们找到了展示自己的平台。

客观地讲,这一时期的女性文学处于一种比较复杂的态势中,由于时代的不同,女性文学的发展也不完全相同,各有侧重。20世纪30年代,由于中国左翼作家联盟成立,促使革命文学得到快速的发展,已经登上历史舞台前沿的女作家们的女性自我主体意识也发生了重大改变,阶级意识和政治意识逐渐加强,自我意识逐渐减弱,和男作家们一样,将阶级利益放在第一位,她们更关注的是大众的利益。1937年卢沟桥事变后,中国抗日战争全面爆发,民族的灾难唤起了中国人民空前大团结和大觉醒,"抗战"是这一时期所有文学的主题,女作家当然也不例外。只是由于所处的地理环境的不同,她们所选择的表达方式各有侧重而已,因篇幅所限,在此不一一展开论述。但无论是国统区、敌占区还是解放区,尽管女作家们所处的环境不同,但她们的抗日斗志和决心是相同的,她们跳出以往以个人生活为中心的自我小圈子,停止了自我的哀怨和哭诉,将自己的生命、个人安稳、婚姻家庭等置之度外,热情奔放地投入革命战争之中,通过参与实际的社会实践活动来实现女性自我的生命价值。

值得思考的是,尽管由于时代要求,女性和男性一样投入了轰轰烈烈的革命和战争之中,她们内心深深懂得,每一个有良知的中国人,都应该这样做。但是随着革命的深入,一些属于女人自己的问题还是出现了,使她们逐渐认识到,革命和她们想象的不完全一样。于是,经过一段时间的革命洗礼和变革后,女作家发出了质疑的声音。

丁玲和莫耶是她们的代表。丁玲的《三八节有感》以杂感的形式,深刻透彻地分析了生活在延安革命队伍中的知识女性艰难的生活、尴尬的处境和不幸的命运。"'妇女'这两个字,将在什么时代才不被重视,不需要特别的被提出呢?"(丁玲《三八节有感》)正是在纪念三八妇女节的日子,丁玲却发出了质疑的声音,从"被重视"的热闹中,丁玲看到妇女不被重视的严峻本质。莫耶的小说《丽萍的烦恼》与《三八节有感》有着异曲同工之妙。《丽萍的烦恼》是一篇小说,丽萍参加革命很大程度上是为了反抗封建婚姻,她嫁给了一位三四十岁的老革命、坐过牢、挂过伤、是革命的功臣的"×长",而这位革命功臣"×长"在对待恋爱和婚姻的问题上,并未脱封建父权制的窠臼,他认为妻子服从丈夫是一种"天职",因此给丽萍带来了许多烦恼。丽萍的烦恼实际上是在革命的队伍中女性仍然被封建道德所束缚的烦恼。这两篇作品发表时间相近,思想倾向相同,尽管形式不同,但所反映的主题却是相同的——革命形式下解放区女性不被重视。

两位女作家的"有感"与"烦恼"并不是凭空产生的,是有一定社会根源的,它折射出当时革命队伍中的一个重要的思想观念问题:如何理解社会解放进程中的妇女解放? 其实,真正的妇女解放并不仅只是表面上看到的社会地位、经济地位的平等就能达到的。关于婚姻、生育问题,延安妇女其实有许多话要讲,但在社会地位和经济地位看似平等的延安,妇女仍是没有发言权的。生完孩子,把孩子往老乡家里一放,打起背包就走的妇女比比皆是,有谁想过作为一位母亲的感受,革命需要她们生,她们就生。这些看似生儿育女的"小事",其实却是影响整个革命进程和发展的大问题,同时也牵涉到如何看待日常生活在人的生存与文学中的价值问题。其实,无论男人还是女人,只要是人,谁又能离得开一日三餐、生儿育女、生老病死等日常生活问题呢? 但在人们的传统观念里,已经把这些定义为登不了大雅之堂的琐碎事,不算问题的问题,几千年来一直没有引起过人们的足够重视,这其中也包括女人自己。

从以上分析不难看出,三四十年代文学中的女性思维与五四时期相比已经有所不同。

她们做出了"对中国传统贞洁观和女性观的最大背离和反叛。①"三四十年代的女性不仅具有强烈的时代感和责任感,同时也有个人中心意识。"个性主义和社会政治运动之间

---

① 黄会林编《丁玲·女性小说》,上海文艺出版社,2018,《序》第14页。

有着并不背反的一面,而正是在这样的背景下,她的自我价值才得以确立和实现。"①她们试图通过参加社会活动来实现自我的人生价值,她们工作积极主动,认真负责,有强烈的民族正义感等,她们试图通过自己的努力来实现女性自我的价值和意义,与五四时期相比,她们的叛逆更彻底,也更富于理性了。

1949年新中国成立以后直到"文革"结束,政治性和阶级性掩盖了人的其他一切属性。女性生命意识呈现出一种扭曲的发展态势,"时代不同了,男女都一样,男同志能办到的事,女同志也能办到"成为当时中国女性追求的目标。此时的女作家可分为两部分,一部分是历经了战争炮火的洗礼,直接来自解放区的,如杨沫、草明、白朗、陈学昭、茹志鹃、刘真和菡子等,多年的革命斗争经历,不仅使她们的心和党的事业、人民的斗争紧密相连,而且使她们有着宽广的革命情怀,在这部分女作家的主体意识里,革命人的身份更重一些。另一部分则是新中国成立后成长起来的文学新秀,如柯岩、黄宗英、宗璞等,受革命形势的影响,她们激情满怀地投入政治运动之中,将女性的自我意识抛弃得无影无踪。

新中国的成立,给中国妇女打开了更广阔的生活天地,随

---

① 翟耀:《现代女性自我意识的张扬和迷惘——〈蚀〉中时代女性的文化内涵》,《山东师范大学学报(人文社会科学版)》1995年第6期。

着社会主义建设的深入发展,大量的妇女走出家庭,参与社会工作,她们的新生活、新面貌、新思想成了女作家笔下理所当然的素材,于是一批反映新时代妇女生活的文学作品应运而生,像葛琴的《女司机》、江帆的《女厂长》等。

新中国成立后的17年,在"文学为政治服务,为工农兵服务"的时代感召下,作家们以文学的形式参与政治、参与社会变革与建设,女作家与男作家一样无论是创作题材、创作主题还是对生活评价,都是以政治为主题,以革命为导向,根本不可能有一点女性的色彩在里面,即使作品中出现女性,也是为了歌颂新旧社会的变迁给女人带来的变化。女性意识、女性自我、女性生命体验完全被政治掩盖了。

三

"文革"结束以后,中国进入一个思想大解放的新时代。女性的自我性别意识开始复苏,她们开始清理"文革"前所形成的"禁欲主义"和"男性气质"对她们所产生的影响。在社会变革面前,她们试图通过自己的努力来重新抒发女性情感,重塑女性气质。肯定和表达女性自我的欲望,是新时期女性创作的共同主题。此时的女性文坛真可谓百花齐放,先是从五四时期走来的老作家如冰心、丁玲等,再是20

世纪三四十年代从战争中走来的女作家如韦君宜、杨绛、陈敬容等和新中国成立后的文学新秀宗璞、柯岩和黄宗英等,还有20世纪80年代新出现的一批女作家如张洁、谌容、张辛欣、铁凝和王安忆等。可以说这是女性文学阵容最强大的时代,她们的创作无论是题材还是风格都各不相同,但张扬女人个性、表达自我欲望和生命体验却是相同的,女人首先是人,在"人的自觉"前提下,不断增长着"女性自觉",使女性人格、女性尊严、女性体验、女性自我得到张扬。像张洁的《爱是不能忘记的》、张辛欣的《我在哪儿错过了你》、舒婷的《致橡树》是这一时期的代表作。

随着市场经济和商品观念在人们思想中的进一步深入,中国进入一个更加开放的时代。

中国女性有了更多的机会和权利来自由舒展自己的个性,表达自我意识。特别是到了20世纪90年代,女性生命意识沿着20世纪80年代的张扬个性的方向进一步深化。她们充分张扬女性身体经验,拒绝男性话语,企图通过女性身体经验的表达和张扬来建立女性在性场域中的话语权。"向来只见衣服不见身体,只描画灵魂不描画身体的女性文学有了直面身体、正视身体、表达身体的变化,从文学的立场阐述身体,为身体命名,为身体定义,出现了一批具有严肃的正面建设意义的作品。"①如王安忆的《岗上的世纪》《小城之恋》、铁凝的《玫瑰门》、林白的《一个人的战争》《空心岁月》、黄蓓佳的《没有名字的身体》等,作家们把身体欲望作为审美对象,通过诗意的抒写把女性的欲望体验、情感体验、生存体验和自我体验直陈于读者面前,这不仅是一种时代的进步,更是女性生存意识的进一步拔升。

而后,随着时代的进步,女作家们在经历了时间的洗礼后,也渐渐悟出了一个人的战争是一种悲哀,一种女性的悲哀、社会的悲哀,社会要进步,和谐是关键,而和谐的关键是人,人的关系是两性,两性和谐共同发展才是人类追求的最终目标,也是女性生命意识的最高境界。同时,女人自己也已经意识到女性生命意识的张扬并不是以牺牲男性的利益为前提,性别矛盾也并不是绝对对立不可调和的,两性和谐才是整个社会和人类追求的终极目标,也是女性生命意识的最好体现。王安忆的《叔叔的故事》被文学评论界称为是"对一个时代的总结与检讨的企图"②。《叔叔的故事》的故事情节并不复杂,却是对男权文化的一种深度解构,是女性话语对父权制统治下的权威话语的一次挑战。徐坤认为:"一个相对平等、

---

① 金燕玉:《身体与歌——20 世纪 90 年代后女性文学新话语》,《江海学刊》2004 年第 5 期。
② 王安忆:《近日创作谈》,《文艺争鸣》1992 年第 5 期。

进步的社会机制和相对发达的电脑信息化网络的建立,使女性有权利更加自主地选择自己的生存方式,无论是选择婚姻、独居还是离异,也无论是外出做工还是选择滞留家里,不会有体制上的压力和公共道德舆论上的指责。只有在这个时候,'身体'的问题才会被提到认识层面上来,遭受泯灭的性别才得以复苏,女人对自己身体的欲望是格外强烈的,她们不必再如以往一样借男权之眼为镜,在那面哈哈镜中反观自己,而是力图通过女人自己的目光,自己认识自己的躯体,正视并以新奇的目光重新发现和鉴赏自己的身体,重新发现和找回女性丢失和被湮灭的自我。"[1]正是在这种认识下,徐坤写性体验、性欲望,写女同性恋,写母性体验等张扬生命意识和自我体验的女性独特体验。

总之,中国女性的生命意识在经历了从世纪之初到世纪之末的曲折沉浮后,得到了进一步的提升和发展,总体上呈现出渐深渐强的发展态势。实事求是地说,女性在与男权中心意识的不断抗争中,她们的女性自我生命意识也得到进一步的提升,中国女性自我生命意识是在与男性中心意识的斗争中才得到升华的。而中国女性自我生命意识的提升,也对促进两性和谐和健康发展起到了强有力的推动作用。

---

[1] 徐坤:《双调夜行船——九十年代的女性写作》,山西教育出版社,1999,第17页。

第二辑:女性与文学

论中国女性写作话语权的嬗变

人类社会的发展历史是由男女共同参与完成的,但是对人类发展历史的认识,则是由男人决定的。也就是说,在很长的一段历史时期内,女性是无话语权的。在人类历史长河中,我们只看到男性的身影,听到男性的声音。而历史中的女性只能隐藏在男性的身后,无声无息。

一

五四时期,女性作家从男性的背后走到台前来,开始了她们作为女性的表达,而这种表达随着时代的进步、社会的发展有所不同,本文旨在探讨不同历史时期女性写作话语权的嬗变,从中我们也可以看到女性不断成长和成熟的足迹。

自封建社会确立以来,在人类的话语场中,男性声音始终处于霸权地位。男性"话语霸权"的标志是,所有一切意识形态中的声音皆由男性控制,不仅如此,男性声音对于女性的声音还具有规范和控制的作用。女性没有自己的声音,在几千年漫长的封建社会中,只存在一种声音,那就是男性的声音。男性话语权之所以形成如此稳固的地位,这与几千年的封建统治,尤其是男尊女卑的社会模式是相关联的。社会不提倡女性学知识学文化,一切意识形态完全掌控在男性手里,整个社会以"女子无才便是德"为美德,以至于社会形成了只有男性一种声音的存在。别说社会不允许女性发声,即使有微弱的声音,也被男性的主流之音湮没了。日积月累,社会也慢慢形成了只有男性的声音才被视为真理,否则就会被视为大逆不道的现象。而对于女性而言,可悲的不仅仅因为男性的话语暴力压迫,女性自己也已经认同了那种模式和状态。

现代启蒙思想和中国的新文化运动动摇了男性话语的霸权地位,女性从而获得了人权和文化权。

女性声音终于伴随着现代文化变革的浪潮"浮出了历史的地表"。五四运动以后,中国在男性大一统的话语场中,有了女性微弱的声音。千万不可小觑这微弱之声,尽管小,但却代表着一种新生和力量,尤其是对于女性而言,这声音预示着世界将进入一个多声部的新生态结构。人类前进的脚步将有女性的汇入,这世界也不再是全由男性支撑。

最先发出声音的自然是先知先觉的作家们,五四时期的女作家们是以群体的方式出现的,她们喊出了"不自由毋宁死"的宣言,"打出幽灵塔",冲出父亲的家门,开始了她们集体争夺话语权的斗争。

具体的表现是,女性不再按照男性的话语方式和结构去表达自己意愿和愿望了,她们以自己的方式表达自己的要求和愿望。这就表明女性打破了男性声音一统天下的格局。

女作家们通过她们细腻敏感的心灵,在解读自己也在解读这个被男性统治了几千年的世界。她们往往通过自己的思维视角,审视女性自己的内部世界,同时也审视女性与社会的关系。五四时期发轫的现代文学就是最好的例证。应该说,当时从国外翻译过来的,挪威剧作家易卜生的名剧《玩偶之家》,是敲开女性苏醒大门的一个重锤。娜拉那"砰"的一声关门,不仅警醒了世界上的男人,同时也震惊了和娜拉一样的女性。

娜拉原本是一个温柔善良的女子,时时刻刻以丈夫为中心,丈夫的爱好就是她的爱好,丈夫的欢乐就是她的欢乐,活得没有一点自我,时时处处替丈夫着想,放在中国,就是典型的贤妻良母式的女人。她自认为,丈夫也是爱她的,她一直依赖于丈夫,满足于做丈夫的"玩偶"。当不幸降临于这个家庭时,她挺身而出,为了替丈夫治病,甚至于她伪造了父亲的签名向别人借钱。数年后,当别人拿着借条威胁丈夫时,她以为丈夫会像往常一样,替她遮风挡雨。而令娜拉万万没想到的是,丈夫会大发雷霆,骂她是"撒谎的下贱女人",坏了他"一生的幸福"。娜拉的丈夫海尔茂表面上看是一个"正人君子""模范丈夫",而骨子里是个大男子主义者,他视娜拉为自己的一件饰品,一件私有财产。当他的名誉和地位受到威胁时,他首先考虑的是自己的利益。正是看透了这一点,娜拉才毅然决然地出走。

娜拉出走的背影是坚定的,娜拉出走的决心是果敢的,这对于当时中国的女性来说,是具有很强震撼作用的,尤其是对于女作家来说,无疑具有强大的感召力。想想她们自己,再看看自己身边的男人,不正是另一个海尔茂吗?同时,女性意识的觉醒,也使她们对几千年形成的固若金汤的男尊女卑的社会现象极为不满,她们要奋起反抗,替天下姐妹打破这种桎梏。

反抗首先从不自主的婚姻开始。几千年的传统道德形成了中国的婚姻只有一种形成,那就是父母之命、媒妁之言。在婚姻中,女性根本没有一丁点说话的权利,她们只能是听命服从。丁玲的《莎菲女士的日记》首先从婚姻中反映女性对现实和自由的渴望。莎菲以坚守自由,拒绝诱惑,争取人的独立而面世;萧红在《呼兰河传》《生死场》等作品中,以自己所遭受的苦难经历为蓝本,愤怒揭露在男权社会中女性所受的屈辱和奋争。与丁玲和萧红直面人生相比,似乎冰心更委婉更多情。因此,在冰心的作品中,她歌颂的是永恒的母爱,是从另一个角度唤醒人类对女性的关注。同样是写母亲,冰心与张爱玲相比,又有许多不同。在冰心的内心世界里,母亲是那么的温柔敦厚,那么的博大无私,还是典型的封建社会道德标准下的贤妻良母的形象,而在女作家张爱玲的笔下,则是另一番情景。洞悉人世的张爱玲看到了女性生存的本质,女人一辈子讲的是男人、念的是男人、怨的是男人,永远永远。因而,她小说中的女性基本上是在归依男人中求得生存,如《倾城之恋》里的白流苏、《红玫瑰与白玫瑰》中的娇蕊,她们是现实生活中的饮食男女,在流于世俗中充满了悲凉。所以张爱玲说:"我的小说里,除了《金锁记》里的曹七巧,全是些不彻底的人物。他们不是英雄,他们可是这时代的广大的负荷者。"张爱玲心目中的"伟大"的母亲,就是女人唯一的价值。

只可惜,对于整个封建社会来说,在几千年传统文化的积淀中,在固若金汤的男权制社会中,在以男性声音一统天下的状况下,仅一两个丁玲、萧红、冰心和张爱玲的反抗和奋争显然是不够的,她们即使用尽全身的力气去呐喊也显得那么的微弱,相对于整个封建社会来说,她们的声音几乎一出来,就被男性声音给淹没了。尽管声音微弱,但通过这些女作家的作品,我们还是可以看到五四时期的女性文学中所反映出来的对自由、平等、尊严等人身权利的追求的希望和曙光。

二

要说女性话语权的真正回归,那就得说新时期的女性文学了。其实,女性话语权的真正回归并不是随着新中国的成立而开始的,而是从1976年粉碎"四人帮"后的新文学时期才开始的。所谓新时期文学,是指1976年10月粉碎"四人帮"到20世纪80年代末中国文学的发展阶段,是人们对"文革"后正在展开的文学的命名。首先发出声音的是张洁,她的《爱,是不能忘记的》叩开了新时期女性文学之门。《爱,是不能忘记的》是对理想爱情的召唤,是对传统道德准则的质疑,同时也是对政治桎梏中的人性的叛逆。作为一个优秀的女作家,张洁对女性现实的洞察是深邃而又敏锐的,她的长达80万字的长篇小说《无字》,在激荡的历史中考察女性的生存空间,她让我们看到了女性从来没有以独立的姿态完成迁徙的现实。王安忆的"三恋"表达了对女性生存的关怀。《小城之恋》那一对几乎没有精神内涵而只受本能欲望控制的舞蹈演员,其相恋过程只源于原始欲望,这种动物本能是人性的悲哀。《荒山之恋》的男女主角已开始具有精神的追求,在颤巍巍的天桥上,他们合二为一的身体已不仅仅是欲望的化身。《锦绣谷之恋》在飘逸和抒情的叙述下,表明女性意识的复苏,昭示了女性独立人格的开始。在这些作品中,当代女作家面对的女性现实与五四时期女作家面对的现实几乎同出一源。由此,可以看出,女性独立、自由的过程是如此的漫长与艰难。

而另一种极为另类的呐喊则是女性的私人化写作。对于私人化写作,历来都是有争议的,对于私人化写作的定义,学界也是众说纷纭,莫衷一是。笔者以为:与私人化写作所对应的应该是公众化写作,而公众化写作也就是我们平常所说的为了大众或众生的教化而进行的写作。但写作除具备为大众而写的功能以外,还有一些是私人化的记录。比如我们平常所写的日记,只是当时所发生的事情和心情的一种记录,并没有更多更强的目的性,有些人写的日记也或许一辈不都会示人的,这应该就算是私人化写作吧?但 20 世纪 90 年代所出现的私人化写作,似乎也不是我们平常意义上所说的日记,它除了有私人化的因素外,还有昭示于人的作用。因私人化写作对于中国是前所未有的新鲜事,所以争议较多。仅以当时活跃于文坛,被大家公认的私人化写作的作家林白、陈染、卫慧、棉棉等的作品来看,笔者粗浅地认为,私人化写作应该具备以下几点:其一,从写作内容上来说,私人经验、私人意识与无意识,特别是被社会公共道德规范与普遍伦理法则抑制、排斥、遮蔽的私人经验，是她们创作的主要内容。其二，写作方式上，多采用回忆录或传记式，但她们的写作与以往的回忆录或传记文学的写作方式又不相同，主要是追随私人下意识流动而展开的"琐碎式"叙述，它是以私人隐秘经验的跳跃式流动为叙述依据而展开的。其三，从写作动机上说，私人化写作的驱动力是个人心理需要，尤其是无意识与隐秘欲望，与群体无关的私人经验的表达冲动与倾诉欲望。这种动机无关乎国家、民族、群体、人类，既非拯救人类、拯救社会，也非歌颂光明、弘扬正义。

20世纪90年代，我国出现了一批如林白、陈染、卫慧、棉棉等以私人化写作著称的作家，从她们的写作中，我们也可以从另一个侧面窥探到女性化语权的转变。

从女性的主体出发，在极端自我的审美状态下，她们所关注的是自己的身体、性爱、自我，试图以此诠释女性与现实的关系，并与现实相抗衡。也可以说，她们是以自身的体验和感观来发出女性的声音，表现女性所独有的话语权。她们喜欢说："我怎么生活就怎么写。"棉棉称自己的小说"是用身体去写的"。林白的《一个人的战争》《致命的飞翔》对女性身体的自恋与欣赏，以身体的欲望反映了灵魂的独立与不羁。陈染的《与往事干杯》《私人生活》在哀婉舒慢的私人化叙事中观照"个人与群体、个人与人类的关系"。在林白、陈染等作家的笔下,女性的身体是美丽、纯洁的,性爱是诗意、快乐的,这是在充分张扬女性个体意识,而不是欲望的诉求,具有了独特的自我意义与审美空间。然而,当女性意识覆盖了整个人生的全部含义时,"身体写作"的激烈与极端走向,使女性文学写作的话语权又有了更多的可能性,当然也带来了更多的争议。

卫慧的《上海宝贝》、棉棉的《糖》中的青春女孩在酒吧、派对、沙龙、小资、颓废、前卫、疯狂、荒诞、毁灭中另类地生活着。她们敢将女性的情与欲,以虚无、泛化,以歇斯底里的方式痛苦地表达出来,这本身就是一种声音。棉棉称自己是"用身体检阅男人,用皮肤写作"。这样的创作宣言与实践,在惊世骇俗的表象下掩饰的实际上是内心的无奈与仓皇。而九丹的《乌鸦》专注于描写床笫之欢,性欲的泛滥并不是在说明女性能够有力地把握自己的命运,而是对女性解放的极大自嘲。

事实上,女性单纯的自我生命体验和女性本体欲望的表达,并没有提高女性文学的层次,也无助于女性颠覆男性话语的霸权地位,对于女性追求平等与自由的实现也无益。在以传统道德思想统治几千年的中国,即使已经到了20世纪90年代,人们仍然无法从容淡定地接受。在急剧变革的社会转型期,在传统意识与现代意识相互融合、相互碰撞的激流中,女性文学呈现了多元化的创作态势也是必然的。与私人写作所不同的是,还有一批女作家,也在通过她们的笔来表达女性的声音,传递女性自我意识以及女性生存的空间。她们是池莉、残雪、方方、虹影、徐坤、海男等,如池莉的小说以儿女情、家务事等日常生活为切入点,把女性放在原生态的生活中,展现其客观真实的生存状态和生命价值。张抗抗的《情爱画廊》以男性的视角对女性身体的审美,超越了人的欲望。她们将女作家的艺术视野投向了更为宏大的女性与社会现实的关系,反倒得到了社会的认同和肯定。

三

外国女性文学的诞生是伴随着政治运动的,先是政治上争取妇女的权利,而后是在文化领域,随后是女性文学的应运而生。与国外相比,中国的妇女解放似乎省略了一些过程,上来直接就是以文学的形式出现的,我们纵观五四时期的妇女解放不难发现,当时的丁玲、萧红、张爱玲、冰心、苏青等哪位仅是政治家而不是文学家?从五四运动至今,中国的妇女解放,实际上就是中国女性文学的呐喊,似乎与政治并无关联。

尽管看似与政治无关,但并不代表女性不关注政治,女性就躲进小楼成一统,两耳只听家务事,一心专读儿女情了。在日新月异的社会发展和变迁中,现代女性始终走在时代的前列,用她们的笔在发出一些声音。无论是内容还是形式上,女作家对于自己的表达就从来未输给过男性。

值得一提的是池莉的《看麦娘》,《看麦娘》写的是一个叫易明莉的女人,不顾家人和朋友的反对,执意要寻找养女的故事。因寻找无功而返,受到了丈夫和陌生人的种种质疑,由此也引起了她的许多回忆,将一个女人隐藏于内心深处的生命体验和生命冲动讲述了出来。

应该说,池莉这部作品在创作方法上是有所突破的,故事基本上采取的是议论和抒情相结合的方式,甚至以议论带动情节的发展,以"我"要寻找养女为线索,"我"走到哪里,故事就讲到哪里。不仅如此,在创作理念上,池莉放弃了她所习惯用的写实手法,而是从多视角去打探"我"的丈夫和养女。而文中的养女,尽管是女性,但在作者的心目中并没有把她当成女性,而是一个社会人而已。

从深层分析,《看麦娘》表现的是一个焦虑的中年女性对现代文明的追问、不解与迷惑。作为母亲的易明莉想法实际上很简单,她就想守着女儿,守候一份天真,守候一份简单。是社会的经济发展和进步以及多元化的文化发展将女儿从母亲的怀抱中拉走,使母亲再也找不回女儿了,女儿走向了一条追逐时尚的不归路,而她也只能在焦渴而茫然的叙述中度日。

文本中的母亲易明莉的形象无疑是丰满的、立体的,她象征的是传统的理念与道德,但在这个物欲横流的时代,注定是要成为被诟病的人群。而女儿呢,在文本中除了母亲对她的回忆外,就是别人对她的表述,应该说,这个形象是扁平的,不够丰满的,但却是具有现代意味的。她既有追逐时尚、追新逐异的气质特点,又有不安分的因素在里面。而"我"的丈夫于世杰则是自私、庸俗又刻薄,但有一点又是值得肯定的,那就是他顾及家庭、追求上进。因为文本中人物性格的复杂和多面性,我们很难给每一个人定位。每个人都在"我"的焦虑述说中呈现出多变的品格和气质。人格的欠缺与精神的残损也是那一代人永远也找不到自己位置的原因,而精神家园的寻找与重建,对一位母亲来说,只能是一种焦渴的期盼。每个人都以自己的多重身份存在着,世界因此变得多元而复杂,当我们不能用某类单一的词汇去界定一个人时,我们才能说自己适应了这个时代。

进入新世纪之后,有学者称,女性写作进入了作者五代同堂的时代,作品有量多质高的创作趋势。甚至有人断言,21世纪文学进入了"她世纪"。2002年5月,《北京文学》和《北京日报》文艺部联合召开了"她世纪"与当代女性写作研讨会。尽管对于将21世纪命名为"她世纪"大家仍然存有异议,但有一点大家是充分肯定的,那就是女性写作渐成气候,成为中国文坛上一支不可小视的大军。由于篇幅所限,有关新世纪的女性写作将是另一个话题。

总之,中国女性写作已经走过了近一个世纪的风雨历程,她们执着地寻找着发出自己声音的情感表述方式,以不同的性别视角影响着其叙事方式,男作家往往注重个体生命与历史潮流的关系,女作家则更侧重个体生命的感悟与体验,以独特的视角,在男作家目光的盲点和不屑一顾的生活边缘处,展示了一个也许并不辉煌但却令人怦然心动的世界。

延安文学中女性意识的遮蔽

一

所谓延安文学,"从整体上说来,就是在延安思想指导下,表现以延安为中心的解放区的那个历史时期的革命与战争的生活"①的文学。它上接五四新文学,下启新中国成立后的共和国文学,在中国现代文学史上起着重要的承接作用。作为中国现代文学史一个重要的组成部分,与中国其他时期的文学相比,延安文学又有其独特的一面。

首先,延安文学具有强烈的民族解放斗争气息。延安时期正是国难当头,日本侵略的铁蹄已践踏了我大半河山,中华

---

① 林焕平:《延安文学刍议》,《文艺理论与批评》1992年第3期。

民族到了最危险的时候,民族矛盾成为压倒一切的主要矛盾。在这个时候,凡有良知的爱国作家都跳出原来创作的小圈子,投入革命战争和民族解放的斗争之中。延安作为中国共产党革命战争的根据地,社会政治目的就是打倒日本帝国主义,建立一个独立、自由、民主、统一、富强的现代化的新中国。当时,文学创作的目标就是用文学作品来鼓舞全国人民抗击日本侵略者,宣传党的抗日救亡政策,扩大中国共产党的政治影响。

其次,具有强烈的社会革命色彩。经历了五四运动的洗礼,作家的阶级意识和革命意识在进一步增强,特别是已经到达革命圣地延安解放区的作家,他们更深切体会到广大劳动人民的疾苦,更充分认识到个性解放不可能脱离阶级解放独立存在,社会制度不变革,个性解放只能是一句空谈。郭沫若就曾经说过:"我从前是尊重个性、景仰自由的人,但在最近一两年间与水平线下的悲惨社会略略有所接触,觉得在大多数人完全不自主地失掉了自由,失掉了个性的时代,有少数的人要来主张个性,主张自由,未免出于僭妄……要发展个性,大家应得同样地发展个性。要享受自由,大家应得同样地享受自由。"①

---

① 郭沫若:《〈文艺论集〉〈序〉》,载《沫若文集》第十卷,人民文学出版社,1959,第3页。

第三,延安文学的实质就是"工农兵文学"。延安的多数作家是从国统区来到解放区的,他们怀着革命的热情投身到革命中去,但从思想上不可避免地仍然有一些旧的意识。1942年,为解决延安等解放区文艺方面存在的问题,在经过深入调查研究后,毛泽东在延安召开的文艺座谈会上发表了重要讲话——这就是著名的《在延安文艺座谈会上的讲话》(以下简称《讲话》)。《讲话》的核心精神就是,文艺是为工农兵大众服务的,而延安文学的实质正是贯彻执行这一方针的结果。

总之,延安文学的特点决定了延安文学实际是女性意识失语的文学。

第一,在全民一致抗战的大环境下,作为无产阶级革命一部分的妇女解放运动不可能处于十分显要的位置,同时,作为妇女解放更深层次标志的自我意识更不可能提到议事日程。"铁的事实摆在我们面前,目前的中国正过渡着一种空前的国难,整个中华民族的生命,已陷于千钧一发的最后关头。……妇女问题是与整个中国问题不能分离的;妇女解放斗争,与中国民族解放斗争原是统一的。"①

第二,马克思主义认为,妇女解放的第一步是妇女从家庭

---

① 转引自姜纬堂、刘宁元主编《北京妇女报刊考(1905—1949)》,光明日报出版社,1990,第604—605页。

解放出来,重新回到社会公共领域。政治解放是妇女解放的重要方面,而经济解放则构成了妇女解放不可或缺的基础。恩格斯说:"只要妇女仍然被排除于社会的生产劳动之外而只限于从事家庭的私人劳动,那末妇女的解放,妇女同男子的平等,现在和将来都是不可能的。妇女的解放,只有在妇女可以大量地、社会规模地参加生产,而家务劳动只占她们极少的工夫的时候,才有可能。"①正是基于这种观点,延安时期所制定的针对妇女解放的方针政策如《妇女代表会组织大纲》《关于妇女组织的决定》《妇女工作大纲》《关于开展妇女工作的决定》《关于目前妇女运动的方针和任务的指示信》等纲领性文件和针对妇女解放所开展的纪念三八节等活动,所强调的均是妇女在政治和经济上与男性平等,而从社会性别角度审视,这只能是妇女解放的第一步。

第三,从整个妇女解放发展的历史来看,妇女解放本身就是一个漫长的循序渐进的过程,争取政治上、经济上的翻身与解放只是整个妇女解放过程的开端。作为中国妇女解放发展史上的重要时期,延安时期吸取五四时期妇女解放因经济不独立导致失败的教训,首先要考虑的是政治、经济等显性层面的,还顾及不到精神领域等隐性层面。延安文学对妇女翻身

---

① 恩格斯:《家庭、私有制和国家的起源》,中共中央马克思恩格斯列宁斯大林著作编译局译,人民出版社,1972,第159—160页。

求解放过程的描写,实际上是作为整个解放区人民翻身求解放的一种求证。然而,政治上、经济上的翻身与解放并不是妇女解放的全部内容,更不是妇女解放终极意义上的目标。而且,我们不能否认另一个更重要的事实:延安文学的主旋律是以"民族宏大叙事"为主的,女性解放只是作为阶级解放的注脚而存在的。因此,延安文学存在对女性意识遮蔽的现象也就不难理解了。

二

伟大的作家总是能自觉或不自觉地将自己融入社会发展的潮流中。作为满怀革命激情同时又富有极强正义感的女作家们,面对祖国大好河山不断遭到侵略者践踏,广大人民遭受侵略者蹂躏的事实,她们不可能冷眼旁观,更不可能仍陷于自我意识的小圈子中。她们毫不犹豫地跳出追求个性解放的小圈子,投身到火热的革命洪流之中。将人民大众的疾苦反映出来,是她们义不容辞的责任和义务。沸腾的情感、强烈的忧患意识、阶级的搏杀、救亡图存的斗争现实,使她们和男性作家们一起为人民呐喊、替革命礼赞,发出民族救亡的声音。可以说,这是时代对女作家的要求,同时也是女作家发自肺腑的心声。延安时期的女作家们已将女性意识与政治意识、女性角色和政治角色融为一体。

女人的天性永远都是双重的。她们既是总体社会的一部分,同时还拥有自己的独特性。而女人的独特性是只有女人自己才能体会和感悟的。丁玲就曾经说过:"我自己是女人,我会比别人更懂得女人的缺点,但我却更懂得女人的痛苦。她们不会是超时代的,不会是理想的,她们不是铁打的。"①延安时期的女性尽管已将全身心都投入了轰轰烈烈的革命运动、政治斗争中了,但这并不意味着女人就完全忘记了自己,也不意味着对女性的歧视就完全消失了。多情而又敏感的女性,还是感受到了来自男性世界和封建传统势力的压力。

我们以延安时期最有成就的女性作家丁玲为例。在整个延安时期,丁玲的创作思想实际上经历了一个从最初的仅为民族和个人命运抗争,到最终为中国革命发展而沉思的过程。初到延安的丁玲十分激动和兴奋,与国统区相比,一切都显得革命和新鲜。但随着了解的进一步深入,丁玲逐渐发现了革命发展中存在的一些问题。知识分子的良知和责任感告诉她,对于看到的一切不能袖手旁观,于是,她要拿起笔把自己看到和感受到的写出来。在延安文艺座谈会召开之前,丁玲已先后写出数十篇作品,包括小说、散文、通讯、速写、戏剧等

---

① 丁玲:《三八节有感》,《解放日报》1942年3月9日第4版。

多种体裁。写于1940年的小说《在医院中》《我在霞村的时候》和1941年的《夜》集中体现了丁玲在延安时期的发现和思考。透过"乐观"的表象,揭示出生活内在的种种缺憾与矛盾,将女性生存的真实图景呈现出来,这正是丁玲用笔的深刻之处。

首先,延安女性尽管身处革命之中,但自身的封建意识仍然比较严重。贞贞迫于无奈被日寇蹂躏了,日寇的蹂躏固然摧残了贞贞的身心,但是,更使她不堪忍受的却是村里人对她的误解和鄙弃。当时的霞村已建立起革命的基层组织,但是封建意识、传统观念依然十分顽固,霞村的人们是作为看客来对待心灵饱受摧残的贞贞的:"就在那天黄昏,院子里又热闹起来了……天气很冷,他们好奇的心却很热,他们在严寒底下耸着肩,弓着腰,笼着手,他们吹着气,在院子中你看我,我看你,好像在探索着很有趣的事似的。"①延续了几千年的"看"与"被看"的性别关系模式依旧未变,女性作为被看者的命运依旧未变。更可悲的是,贞贞不仅要承受男人的歧视,还要承受女人的冷眼与傲视:"尤其那一些妇女们,因为有了她才发生对自己的崇敬,才看出自己的圣洁来,因为自己没有被敌人

---

① 丁玲:《我在霞村的时候》,载《丁玲·女性小说》,上海文艺出版社,2018,第172页。

强奸而骄傲了。"①如果说贞贞的周围是受封建思想毒害至深的村民,那么在革命队伍中的革命同志,应该给女性更多的同情和理解吧?事实远非如此。凭着一个写作者的责任和良知,丁玲敏锐地意识到,封建思想的残余在许多人头脑中仍是根深蒂固的,在那个"离延安四十里地"的医院中(《在医院中》),不仅有一个大男子主义倾向严重的外行院长,还有一群仍然需要解放、需要革命的"革命女性"。在这样的女性群体中,不仅很难建立起亲密的姊妹情谊,形成巩固的女性同盟,而且,在强大的男权意识的统摄和同化下,女性的主体意识也很难获得孕育发展。

其次,尽管是在革命队伍中,传统的男权意识并没有完全消失,女人仍然饱受性别之苦。特别是生育问题,给延安的女性带来了终身不可弥补的伤痛。丁玲在《三八节有感》中说出了女性的真实感受:"四方奔走,厚颜的要求托儿所收留她们的孩子,要求刮子宫,宁肯受一切处分而不得不冒着生命的危险悄悄的去吃着堕胎的药。"②对此,李小江在口述史《让女人自己说话:亲历战争》中也有记录——经历过战争的女性(很多是知识女性)带着孩子参战、工作、逃亡。一位名叫邬家珍

---

① 丁玲:《我在霞村的时候》,载《丁玲·女性小说》,上海文艺出版社,2018,第170页。

② 丁玲:《三八节有感》,《解放日报》1942年3月9日第4版。

的妇女回忆说:"没办法,第三个、第四个都给人了。……我头天生的娃,第二天老乡就把我引到那个水川川里……一蹲就蹲了一天。后来去找(送人的孩子)……早没了……"①失去子女、身体留下永久的病痛,是受访女性不断提及的个人记忆。延安女性的口述史重现了延安时期女性的身体苦难。然而在当时,这些痛苦被直接指向日本和国民党发动的战争上,并且极大地唤起了妇女对于敌人的仇恨,妇女更加自觉地成为革命的同盟军,而女性在这一过程中的物化地位、特殊痛苦就被遮蔽了。

丁玲的《三八节有感》是一篇真正富有"革命"意义的女性主义宣言。丁玲在文中明确提出,"'妇女'这两个字,将在什么时代才不被重视,不需要特别的被提出呢?"在纪念三八妇女节的日子,丁玲却敢于发别人之所未发,从"被重视"的、热闹的表面看出了女性实际上正是因为不被重视才被重视的严峻本质。这标志着丁玲对女性解放的探寻已超越了革命的现实功利层面,又回归到人性解放的大主题上。尽管该文在后来的延安整风运动中受到了批判,但从社会性别角度来看,它对于女性意识的觉醒无疑具有警示意义。

综上可以看出,延安文学中女性意识的被遮蔽,一是数千

---

① 李小江主编《让女人自己说话:亲历战争》,生活·读书·新知三联书店,2003,第224—225页。

年的封建残余思想不可能一朝一夕在革命队伍中绝迹,二是女性自我觉醒的意识不够强烈,三是当时的战争形势决定的。当时的主要矛盾是抗日救亡,妇女解放只是作为民族解放的注脚存在的,加之延安文学的重点是为工农兵服务,因此,女性意识的被遮蔽是必然的。好在丁玲等一些先知者已经意识到了这些,并为女性意识的觉醒做着各种努力,这也为以后女性意识的真正觉醒打下了坚实的基础。

三

如果说延安时期的女性文学对于妇女解放中的女性意识有所觉醒,那么,作为延安文学主力的男性作家对于女性解放的理解就显得过于表层化了。

首先,在男性视野中,妇女解放只是阶级解放的注脚。伍尔芙说:"妇女都是作为一面镜子,映照出两倍于正常大小男人形象,具有神奇和美妙的作用。"[①]男性作家往往把他笔下的女性作为一种载体,承载着作家对革命和社会的理解和求证。为了鼓舞和鼓励农民投身到抗日战争中去,而处于支配地位的女性形象恰好能作为新社会优越性的体现者而被起

---

① 转引自张京媛主编《当代女性主义文学批评》,北京大学出版社,1992,第289页。

用。于是,延安文学中男性笔下的妇女形象,在一定程度上是作为政治宣传的砝码或者是社会解放的注脚出现的。孔厥的报告文学《一个女人翻身的故事——记边区女参议员折聚英同志》,就记录了这样一个妇女形象代表折聚英。折聚英之前是个只值两斗粗谷子的童养媳、一个字不识的文盲,革命后则成为一名学习模范、劳动英雄,当上了边区的参议员,成了边区百万妇女的代表。

对于妇女解放的历史命运,折聚英的"反省是最彻底的"。在事业上,折聚英表现了强烈的追求感和竞争感。面对那些文化水平比自己高的同学,她说:"你看她们都是喝墨水长大的,肚子里货色那样多,咱们不双份用功,不行啦!"生活上,她不惜暂时放弃了家庭乐趣。丈夫就住在女子大学附近,但她一个月还不一定回去一次,"咱不忙执行礼拜六,咱忙着准备开洋晕呐!"这句意味深长的话,充分显示了折聚英自觉追求妇女解放的历史责任感,显示了新一代女性对于女性存在的传统方式的最大蔑视和最大挑战。折聚英完全摆脱了对男性的依附,初步具备了自我认同的现代女性意识。但小说中的一个细节却不容忽视:折聚英在政府的支持下,与"叛变当了民团,还带人到区政府捉拿折聚英"的丈夫离婚了,然后嫁给了一位老红军,从此过上了幸福生活。折聚英之所以能与男人离婚,是因为她的男人是个叛变了革命的敌人。而孔厥的另一篇小说《受苦人》中的贵女儿就没有那么幸运。16岁的贵女儿也不愿意嫁给被地主毒打致残、呆钝憨傻、衰老不堪的"丑相儿"丈夫,却没有得到党和政府的支持,因为"丑相儿"同样也是革命者,"丑相儿"的呆钝憨傻是被地主毒打造成的,像这样的人怎么能摒弃呢?从中完全可以看出,女性在男性的笔下只是一种宣传的承载体,男性作家根本没考虑过女性的性别意识。

事实上,即使在女性与革命结盟的过程中,女性同样也是被动的,她们必须随着革命/男性/战争的需要随时调整奉献自己的方式。因为政治发展的需要,女性被要求成为新时代的贤妻、良母、孝女,但在这三个身份中,却没有一个是女性自身所需要的。

其次,恋爱自由只是社会解放的颂歌,并不是女性解放的象征。婚姻和爱情是延安时期作家偏爱的题材。延安文学之所以选择婚姻题材,歌颂恋爱自由,主要是为了歌颂社会解放。延安时期的作家试图通过男女青年争取婚恋自由的故事来表现时代的变化,共产党的政权建立后给男女青年带来了生活和情感上的解放和自由。赵树理的《小二黑结婚》表面上是写男女自由恋爱,实际上作者的重点不在小二黑和小琴的恋爱自由,而主要是歌颂党和政府对青年人的关爱。没有新社会没有共产党,没有新政府的出面,小二黑和小琴永远也走不到一起。周扬当年的一段评论就相当准确地道出了作者的创作动机:"作者是在这里讴歌自由恋爱的胜利吗？不是的！他是在讴歌新社会的胜利(只有在这种社会里,农民才能享受自由恋爱的正当权利),讴歌农民的胜利(他们开始掌握自己的命运,懂得为更好的命运斗争),讴歌农民中开明、进步的因素对愚昧、落后、迷信等等因素的胜利,最后也最关重要,讴歌农民对封建恶霸势力的胜利。"①如果不是新政府为小芹的全新生活提供可能性,小芹同样就会步她母亲的后尘,靠"色相"赢得男人们的捧场,给男人当"花瓶"或玩物；如果不是新政府的强大保证,小芹同样会被旧势力引入歧途(小芹的原型就是因为在新制度尚未完善的时候断送了幸福)。由此,可以看出赵树理笔下的小芹不是富有个性解放意识的"这一个女性",而是被解放了的无数受惠于新政府的底层农民的代言人。

最后,女性的传统美德成为男性作家对于女性的审美标尺。女性的温柔、女性的体贴、女性的多情、女性的善良、女性的纯洁、女性的坚贞、女性的忍辱负重、女性的不可或缺,这些封建社会审美情趣下的传统女性美德,同样也是延安时期男性作家所津津乐道的。正如钱理群所说:"由导致的个体对生命的普遍焦虑促使'流亡者文学'在母题追求上拉起政治文学

---

① 周扬:《论赵树理的创作》,《解放日报》1946年8月26日第4版。

中的女性世界'神崇拜'的旗帜。"①"作家努力发掘的是女性形象中的'女人性'","'母性'('女性')不仅作为'家庭',更作为'国家'、'民族'的支撑力量"。② 战争的确会带来女性的升值。不过,既然战场是由男性主导的,社会是由男权文化统治的,那么,升值了的女性依然是男权文化中的女性。这种情况使延安文学中那许许多多令人陶醉的"女神"都成为男性视野中的女性美。这些女性具有中华民族传统女性的美德——温柔、善良、纯洁、忠贞、顾全大局、忍辱负重,她们的美德成为战争年代一种取之不尽的道德资源。在这方面,孙犁就是典型的代表,他笔下的许多女性都具有传统的中国女性美,如《荷花淀》中的水生媳妇一方面坚韧、勤劳、智慧,另一方面按男人的要求去实现她自己的价值。有人曾经这样评价孙犁:"孙犁在气质上确有一种避恶扬善的特点。"③这就注定了他要着力刻写"至善至美"的女性。

其实,"至善至美"只是男人对女性的衡量标准,它本身就以忽略女性内在的要求为前提。因孙犁对女性的审美标准不仅带有明显的男性目光,而且带有浓郁的士大夫气息。孙犁

---

① 钱理群:《精神的炼狱——中国现代文学从"五四"到抗战的历程》,广西教育出版社,1996,第144页。
② 钱理群:《精神的炼狱——中国现代文学从"五四"到抗战的历程》,广西教育出版社,1996,第145页。
③ 郭志刚:《孙犁评传》,重庆出版社,1995,第85页。

笔下的众多女人形象确实反映了老作家这一固有的审美观,然而在反复玩味女孩子天真、可爱的情态时,理想化以至圣洁化中却有十足的男性趣味。对此,范川凤一语中的:"作为一个男性作家,他笔下的女性永远只能作为一种美与善的出现,这是男性所希望的,但并不是女性的真实。"①

综上不难看出,延安文学关注的首先是政治,所揭示的女性悲剧、女性解放,必然首先从政治功利性出发,妇女解放在某种程度上是作为阶级解放的符码出现的。在此意义上,延安文学中的女性蒙受性别遮蔽的命运也是必然的。虽然说社会解放是妇女解放的前提,但社会解放并不一定就带来女性真正意义上的解放,因为女性处于一个双重复合位置上。妇女解放是一个永久性问题,延安文学对于妇女解放问题的处理显然过于表面化和简单化了。

---

① 范川凤:《女性文学创作批评》,中国文史出版社,2001,第81页。

中原女作家创作主题谈

严格意义上,中原女作家作为一个群体,真正登上文学舞台的时间并不算长,之前的中原文学豫军始终是由男性一统天下。远的不说,仅从中国新文学发端始,在中原文学舞台上活跃着的有徐玉诺、冯沅君、赵清阁、曹靖华、李季、师陀、姚雪垠、苏金伞,以及随后的魏巍、李準、宗璞、南丁、刘知侠等,新时期以来的有张一弓、张有德、乔典运、田中禾、二月河、李佩甫、张宇、郑彦英、叶文玲等。细心的读者也许已经发现了,在整个20世纪的河南文学中,女性作家可谓寥若晨星。成绩比较显著的仅有冯沅君、赵清阁、宗璞和叶文玲等。而在这寥若晨星的女作家中,真正在河南这块沃土中扎根的也只有叶文玲一人,应该说,只有叶文玲是在河南生活、创作、成名的作家,尽管她本人并不是河南人。

进入21世纪后,河南的女作家才崭露头角,并形成规模,出现在各种榜单之中。

应该说,在各类文学成就中,中原女作家的小说创作可谓是收获颇丰、获奖多多的,并且囊括中国文坛上比较有影响力的大奖,它壮大了河南文学豫军的整体力量。新世纪以来,中原女作家最早获奖的是邵丽,她的《我的生活质量》是成名作也是代表作,早在2006年就获得《小说选刊》的优秀中篇小说奖,此后,该作品还获得了《中华文学选刊》特等奖和河南省长篇小说文艺奖等,《明惠的圣诞》荣获第四届鲁迅文学奖。乔叶原本是以散文起家的,新世纪后改写小说,这个实力派作家的小说一出手,就得到社会的好评,并连连获奖。2003年,乔叶的处女作《守口如瓶》一经在《中国作家》上发表,就引起了广泛的关注。长篇小说《我是真的热爱你》2004年由长江文艺出版社出版,该作一问世就得到社会各界的关注,用"好评如潮"来形容乔叶这部作品一点也不为过。《人民日报》《文艺报》等全国知名纸质媒体都做了相关的报道,不仅如此,各主要网媒也进行了连载、转载,并荣登中国小说学会2004年长篇小说排行榜。中篇小说《我承认我最怕天黑》被《小说选刊》等十几家刊物转载,在当月的《小说精选》中读者最喜欢的小说评比中荣登榜首。短篇小说《取暖》《锈锄头》《打火机》也都表现不俗,一经发表就获奖,特别是中篇小说《最慢的是活着》2010年获得全国文学大奖鲁迅文学奖和河南省首届杜甫文学奖。在河南的另一位值得一提的小说家是傅爱毛，这位从2000年被读者认可的中原女作家，目前已经累计发表小说作品近200万字，其中《嫁死》和《天堂门》算是代表作。《嫁死》不仅获得了第十二届《小说月报》百花奖，还被改编成了电影《米香》；《天堂门》获第十三届《小说月报》百花奖。许文君和柳岸也是中原非常优秀的女小说家，许文君的中篇小说《天河》获2008年度"人民文学奖"；柳岸的长篇小说《我干娘柳司令》获河南省"五个一工程"奖。

诗歌方面，中原女诗人蓝蓝表现不俗，诗作获1996年度美国刘丽安诗歌奖，其诗作连续入选中国多家诗集选，尤其是入选《21世纪中国文学大系·2002诗歌卷》，是诗人创作能力的一种明证，同时，蓝蓝的诗作还被译为多个语种。女诗人扶桑的诗作也被各种诗选青睐，入选三十多种诗歌选本，曾获得《人民文学》和《诗歌报月刊》组织的奖项。

散文方面，廖华歌的《华歌集》《蓝蓝的秋空》《泥路的春天》等，因是作者凭借自己女性特有的敏感捕捉生活而写成的，一直得到读者的喜爱。鱼禾的散文集《摧眉》《相对》也拥有一批忠实的读者。值得一提的是像邵丽和乔叶、王钢等河南知名的作家，尽管她们的成名作不一定是散文作品，但她们均是从散文起家，才在文坛上崭露头角的。邵丽的《纸裙子》《玉碎：邵丽散文随笔集》一经出版就得到好评；乔叶的散文被

《读者》《青年文摘》《散文选刊》等多家国内一流纸媒转载,有"十佳青春美文作家"的美誉,出版散文集《孤独的纸灯笼》《坐在我的左边》《迎着灰尘跳舞》等多部;王钢的《昙华林》《命运之手》是作者的散文集锦,而《天地玄黄》则是集散文与报告文学为一体的作品集。

报告文学方面,在河南的女作家中当数王钢和刘先琴。王钢出版报告文学集《如坐春风》受到文学界的关注,报告文学《省长邀来的琴声》早在20世纪90年代就已经获国家级奖。刘先琴集记者、作家身份于一体,始终游走在新闻与文学之间,她的《今生有缘》就是集散文、通讯和报告文学于一体,而长篇报告文学《玉米人》崭获全国"五个一工程"奖。

值得注意的是,在众多知名的女作家队伍中,除了少数像王钢和刘先琴为50后外,其余大部分均是60后或70后,大多成名于20世纪90年代。

为什么河南的女性作家崛起于新时期呢?笔者以为原因大概有三。其一,随着女性在社会中地位的进一步确立,尤其是受教育程度的逐步提高,女性生命体验的多样化在不断强化,自我主体意识进一步加深,女性想表达自我的愿望变得越来越强烈了;其二,受地理环境的影响和中原文化底蕴的氤氲,中原自古就是文学的滥觞;其三,20世纪90年代是全国女性文学的勃兴期,国内女性文学创作与研究热潮也是催生河南女性文学创作大的时代背景。

谈中原女作家的创作,自然要涉及创作主题,这是研究作家所逃脱不了的命题,也是作家创作的根本所系。因为,创作主题与作家成长的背景、生活阅历以及人生观、价值观均有直接的关系,研究透了一位作家的创作主题,实际上也就研究透了这一位作家整个创作的脉络。毋庸讳言,作家不同,生活的背景和阅历不同,她所关注的创作对象和所选择的创作主题也各不相同。在城市生活的时间长了,关注城市生活就会多一些,作家极有可能以城市作为创作素材,去选择创作主题。一辈子生活在农村的作家,很难写出城市的光怪陆离,但生长在大田里的作家,表达麦香味极有可能成为这个作家挥之不去的一种情结。当然,人不同,生活环境不同,即使同样的题材,在不同作家的笔下所表达的主题也各不相同。

而我们谈中原女作家的创作,目的不在于找她们的个性,而在于表述这些女作家的共性,亦或者说是共通的东西。

而中原女作家创作的共性,肯定也不只一点或某一方面。而本文只想谈一点,企图能将这一点谈深谈透,让读者有一个全面的了解和把握。因此,就中原女作家的创作共同点来说,也会有许多,比如有关乡土、苦难、性别等,我们在此摒弃其余,只谈中原女作家"关注和表达现实,张扬个性"这一个创作主题。

在这里笔者重点强调的是,同样是"关注和表达现实,张扬个性"这一主题,不同的作家的表达方式也各不相同。因为体裁的不同,同一主题也会出现不同的表达方式,这就是本文着重要阐释和说明的。

就"关注和表达现实,张扬个性"这一主题,邵丽关注的不仅仅是现实表层的表达,而更多关注的是人物内心深处的活动。正如她的《我的生活质量》一样,在一般人眼里,有了仕途的通达,就有了风光,就等同于有了较高的生活质量。而作者所要表达的则是,生活质量的高低与这些表面的浮华无关,与内心的感受有关。王祈隆这个农民的儿子,从一名农校教师一步步成为一个地级市的市长,在外人眼里,在常人心里,应该算是成功的范例。而对于已经是一名官员的王祈隆来说,他并没有流露出成功的喜悦或沾沾自喜,而内心更多的是纠结。表面上看城市自然是市长的,但在王祈隆的内心深处,始终认为城市是"他们"的。尽管他与北京来的城市姑娘安妮相恋,但始终摆脱不去的是内心深处的自卑感。刘海燕在《河南青年女作家论》中就明确指出:"邵丽笔下的官场人物,更为鲜活,更具多面性,甚至他的痛苦和焦虑要多出普通人的数倍,这样的人物在读者心中唤起的不再是单一的情感,而是难言的疼痛。"①"平时,大众只是看到他们享受成功的果实,看不到另外的一面,更看不到他们内心的焦虑种种。邵丽的小说,让读者看到了官场生活中的光与影,让人不得不思考我们的生活质量,这一多么纠缠多么复杂的社会文化难题。"②不仅仅是邵丽的成名作如此,她的许多作品也都将人的内心情感的表达放在第一位,作者笔下的许多人物貌似平凡,实则有着丰富不俗的内心世界。与其说邵丽注重的是人物故事的表达,不如说她更注重的是人物内心诉求的表达。这的确也符合女作家的性格特点和表达方式。如《明惠的圣诞》《马兰花的等待》,虽然故事情节都是写进城打工的打工妹,想借城市的繁华来改变自己的命运,故事主题似乎与普通打工题材的主题没什么太大的区别,但细心品味,你就会发现,此打工妹非彼打工妹,也许从穿着打扮、言谈举止上你看不出明惠和马兰花与别的打工妹有什么区别,但"邵丽写得从容淡定,不像一些'打工文学'带着社会层面的激愤和情绪,在她这里,命运可不只是外部环境的改变,内心要找到根,找到类同感和归属感,内心要有尊严感,才算改变了命运"③。

  有人曾经说过,生活本身就是作家创作的最好素材。的

---

① 刘海燕:《河南青年女作家论》,《小说评论》2012 年第 2 期。
② 刘海燕:《河南青年女作家论》,《小说评论》2012 年第 2 期。
③ 刘海燕:《河南青年女作家论》,《小说评论》2012 年第 2 期。

确,作家原本就是普普通通的人,所以,他们最擅长表达的仍然是普通人的平常生活。邵丽是这样,乔叶同样也是这样。乔叶的《我是真的热爱你》《结婚互助组》《虽然·但是》《爱一定很痛》《底片》《认罪书》《我承认我最怕天黑》《最慢的是活着》等一系列作品的故事题材无一例外全部来自社会生活,全部是现实生活的表达。乔叶笔下的主人公大多都是小人物,都是来自我们普通生活中的平凡者。《我是真的热爱你》中的冷红冷紫姐妹、《取暖》中的强奸犯大学生、《锈锄头》中的石二宝、《叶小灵病史》中的叶小灵,甚至包括《最慢的是活着》中的奶奶,无一例外来自普通百姓,这些作品中的人物仿佛就生活在我们身旁,是我们的邻居、朋友或亲人,是生活中我们能够看得到的张三、李四或者王五等。问题的关键是这些现实生活中的小人物尽管来自底层,但他们也想要改变自己的生活,改变自己的命运。乔叶的长篇小说《我是真的热爱你》写了一对乡下姐妹冷红、冷紫想通过进城来改变自己的命运。父亲因车祸去世,姐姐冷红担起家里的重担,为支撑起这个即将破碎的家庭,辍学去城里打工,希望妹妹冷紫能完成学业成就一番事业。冷红原本想着通过自己的诚实劳动来改变家庭的命运,却由于漂亮和单纯,陷入邪恶势力的旋涡之中不能自拔,最终沦为妓女。妹妹冷紫得知姐姐的一切遭遇后,特别是了解到姐姐是为了自己才走到今天这种地步时,内心十分痛苦,原本为了拯救姐姐,却不料同样遭遇不测,最终也陷入泥沼之中。《良宵》中的主人公是一个搓澡工,她是一位被丈夫抛弃了的女人,下岗,还带着一个弱小的孩子,日子十分艰难。在一次搓澡中,她发现搓澡的对象竟然是丈夫另娶的妻子,并从交流中得知这女人和自己的前夫情感还不错。这时的她心里犹如打翻了的五味瓶,而更富有戏剧性的是,前夫另娶的妻子竟将手镯丢在了搓澡的地方,善良的女主人公并没有报复,而是归还给了前夫的妻子,这是一种怎样的隐忍和大度?!作者通过描写女主人公自强自立的性格来表达一位普通女人的大情怀。

傅爱毛也是一位能从现实生活的细微处发现人生价值的能手,她的一系列作品同样也有着异于常人的魅力。刘海燕在《河南青年女作家论》中这样形容:"《天堂门》尤其代表傅爱毛的写作风格,写底层人的生活,写出他们复杂性的贫瘠,以及他们如何像岩壁上的草,要狠狠地抓住此生,要生到极致,用傅爱毛的话讲,就是'痛得有多深、爱得有多炽,飞得就会有多远'。傅爱毛最终是要写活着的沸腾感,这是傅爱毛的小说最人性、最感人的地方,也因此拨响了尘世情感中那些幽深的弦。这是靠技术或者别的方式所不可能达到的。"①应该说,

---

① 刘海燕:《河南青年女作家论》,《小说评论》2012年第2期。

《天堂门》和《嫁死》是傅爱毛的代表作。两篇小说均是写底层女性生活的艰辛和苦难,"力图揭示在平静的生活外表下她们精神世界的复杂性,表现人性中复杂的东西,探究心理中微妙的东西,书写那些我们不曾或难以命名的经验,写出更为深刻的生命体察"①。

《天堂门》中的主人公端木玉是个长相很丑,心灵却很美的女性,平凡的人,却有着一颗并不普通的心。上天没有赐给她美貌,却赐给了她一颗爱美的心。她从事的是为死人化妆的工作,尽管没有人看到,死人也没有知觉,但她对自己从事的工作却从未有过懈怠。她为每一具死尸化妆都尽心尽力,丝毫没有马虎过,精心为他们梳妆打扮,尽力让他们以最安宁祥和的容貌进入另一个世界。她像尊重活人一样尊重死者,甚至更胜一筹,尤其是对于年轻者,她从内心感到惋惜和心疼。若说敬业,端木玉才是真正的敬业者。但就是这样一位心灵美的女性,却得不到社会的认可,甚至所有人都将她划入另类。她去别人家里吃饭,当别人不知道她所从事的职业时,一切照旧,而一旦知道了她是为死人化妆的化妆师后,就另眼相看她。她用过的餐具被扔进了垃圾箱,甚至她坐过的沙发椅子主人都会反复消毒。别人不理解、看不起也就算了,就连

---

① 吕晓洁:《论1990年代以来河南籍女作家的小说创作》,《齐鲁学刊》2012年第5期。

自己的亲人也不能接受,这就有点过分了。她特别喜欢自己的小侄子,忍不住摸了摸小侄子的脸,嫂子就将侄子拉到卫生间,反复为侄子洗脸。社会将死人化妆师等同于"死人"了。而恰恰是这样一个人,却对生命充满了热情,因为,她深深地懂得生命来之不易,更懂得生命特别脆弱,从而更加尊重生命,敬畏生命。

《嫁死》的女主人公米香也是个苦命的女人,被丈夫抛弃还带着一个弱智的儿子,为了生存,她决定"嫁死"。"嫁死"就是嫁给一个下煤窑挖煤的煤矿矿工,不是希望和煤矿矿工一起过日子,而是希望这个矿工能早点死去,她好得到一笔赔偿金。

"'嫁死'的日子也不好过。背井离乡、千里迢迢地来到一个完全陌生的地方,嫁给一个不称心、也不如意的死鬼男人,身边连一个亲人都没有。那个艰辛简直不能提。再说了,生死由天。俗话说得好:会下窑的下一辈儿,不会下窑的下一会儿。有的人下了一辈子的窑也平安无事,有的人刚刚下了不到一班却死掉了。这种事,没个准头呢。即便真的嫁了外地的矿工,那人也未必很快就能在矿难中死掉。死不了,女人就拿不到钱。拿不到钱,就得侍候着人家把日子往下过。那样的日子,简直煎熬死个人。来'嫁死'的女人们都把下煤窑的男人叫做'煤黑子'。但凡是娶了外地女人做媳妇的煤黑子,差不多都是歪瓜裂枣、又老又丑、身无分文的穷棒子。穷棒子外加煤黑子,那日子会有好过头?"①

而更富有戏剧性的是,米香嫁给王驼子后居然喜欢上了王驼子,她被王驼子对她真心实意的爱感动了,而在她真心爱上王驼子后,王驼子却患上了不治之症。最后,为了米香,王驼子死在自己制造的矿难中。后来,尽管米香也得到了赔偿,她却没有了得到赔偿的快乐。没有了缺乏金钱的煎熬,却有了负罪的烦恼。这就是不同于常人的米香,也是良心未泯的米香。

如果说小说是通过人物形象来表达作者对于现实的认知的,那么散文则是通过作者描述自己的内心世界,来表达自己对于世界的感知和认识的。

这里,我们不妨以廖华歌的散文为例,作简要的分析。

应该说廖华歌的散文创作大致分为两个阶段。第一个阶段从1978年—1994年,评论界称这一时期是廖华歌的散文创作发展期,主要以《华歌集》和《蓝蓝的秋空》为代表。创作内容大致包括三个方面。一方面是对人民教师的歌颂和赞扬,如《春茶赞》《白云深处》《迎春花》《青青的白桦林》。二是对故乡生活的描绘。有评论者称廖华歌有"原始情结",的确,

---

① 傅爱毛:《嫁死》,《21世纪小说馆　你是谁的剩女》,二十一世纪出版社,2011,第49页。

《华歌集》和《蓝蓝的秋空》大多以故乡为基点,写作者自己的美好情怀和向往。三是对生命本体的拓进和挖掘。《永远的荷塘》和《雨后徜徉录》把自然和人生交融到一起来体悟爱情的要义和人生命运的源头。

第二阶段从1994年至今,为廖华歌创作的成熟期。以散文集《微雨霏霏》和《泥路的春天》为代表。如果说廖华歌前期的散文是以赞美和歌颂为主,那么这一阶段很明显廖华歌开始了对人性、人的内心的关注,用一句学术用语来形容,那就是开始关注个体的精神世界和内心了。如果将《微雨霏霏》看成是作者对情感世界的抒写,毫无疑问,《泥路的春天》则是对人生方向和生命价值的问询。

有关廖华歌散文主题的转换,有学者曾这样说:"华歌早期的散文和诗歌创作,尽管也关涉着自我生命的由来和思索,但是还基本上规范于社会主流话语和价值体系,旨在揭示'我'与故乡、与爱的现实关系。但是80年代后期,这种情景开始出现明确的变异,她的目光开始超越社会生活的表象,而更加倾向于内部精神的深度开掘。散文集《蓝蓝的秋空》及自况体散文《泥路的春天》,以众多的篇什刻意于心灵的抒写和情绪的把握,构成了一种秘语性的自我显示。其中,对女性独立自由和尊严的呼唤,以及由于世俗生活的那种抵牾、疏离、隔膜所造成的惶惑、焦灼、茫然,都凸现了女性自觉的理性选择和追求超越的坚韧状态。"①

她在《若雾》中写道:"世界摆脱喧哗嚣闹的不堪,显得空前寂静祥和,这情景只能是雾天才有。黄黄的落叶上栖满了雾的羽翅,展示着不老的气韵,稍加用心,便可听到它们关于季节与生命的动人述说。雾里的人声温润而遥远,似在幽远中缓缓示演历史深处的哲音。"通过这段描写你就能感觉得到,廖华歌笔下的雾严格意义上说,应该是人生的一种指向。并且在结尾处她提出:"短浅的目光一旦放弃或丧失了对目标的注视,只看重脚下的一点点路径,就不会走远。"细想想,人生可不就是这样的吗?成功只垂青于那些能走得较远的人。

在《走出孤独》中,廖华歌又分明告诉读者走出孤独的方法:"孤独者要真正走出孤独,一方面要靠灵魂主体努力保持本真与善良,不虚伪做作,善待万物;另一方面还要改变旧有的生存方式……弓工调角,水人调船,材匠调木,智者调心,换一个角度看世界,变一种方式品人生……做季节深处的闻道人。"是经验也是一种处世的哲学。

不管怎么说,河南的女作家有一个共同的特点,那就是脚踏实地,一步一个脚印地在文学的道路上跋涉,不投机取巧,是文学创作中最"笨"的方法,"笨"到不敢越雷池半步。笔者

---

① 朱景涛、杜田材:《自慰与拓展:植于现实的情感世界和话语选择——廖华歌创作谈》,《郑州大学学报(哲学社会科学版)》2001年第3期。

倒认为，这应该也是河南女作家最可爱、最可贵之处，她们不写自己不熟悉的生活，不写自己没体验过的经验，像河南人自己的日子一样，没有惊天骇浪，一是一二是二，这大约与中原文化"中正"的氤氲有关。

此外，像诗人蓝蓝，作为一位抒情女诗人，有人这样评价她："作为女性抒情诗人，其诗不拘谨于女子偏于私人的内视角，而倾向于中性的抒情视角；不流连于风花雪月而自伤自卑，而将通汇卑弱的个体于广袤的自然，不追随时尚流行的潮流写作，而以百合的姿态守候古典遗韵。她以纯洁的眼神浏览人间美好，宁静的村庄、沉睡的夜晚、质朴的农人、田野的风情、亮灯的窗口、古老的爱情等都包含在吟唱之中。在她看来，这是拒绝遗忘、反抗时间、留住幸福的方式，唯有此才能在和时间的永恒错位中找寻存在的价值，最终封存在'人间的情书'中，让幸福得以在逝去后还能温暖每个圣洁而疲惫的心灵。"[1]以上对蓝蓝诗的评价仅能算作者的一家之言，并不代表全部。在本文中笔者想要表达的则是，作为一名河南籍作家，蓝蓝的诗同样具备了中原女作家创作主题的"关注和表达现实，张扬个性"的特点，在此，我们仅以她的《自波德莱尔以来……》为例进行解读。

---

① 李冬杰：《"我愿意接受这平庸的生活"——蓝蓝诗歌平民美学风格的构建》，《平顶山学院学报》2010年第6期。

自然之物远了。在一场告别仪式中/不是与动物和植物。/城市的广场有修剪过的绿地。/有整齐的街树。是的/人屈服于此。/没有什么进入我们的生活——/几颗星从遥远的夜空投来光/从一扇楼房的窗口望去/——已是过去式。/我们不再走出自己的手。/不再走出皮肤和眼睛。花香和/杂草丛,它们从未有过?/每一个定律都令我恐惧。但我感到它/——这是值得的。我活着/双手紧紧抓住谷子的/呼吸——在风中……

也许读者对于诗人晦涩的表达方式不太习惯,但诗人的每一句话都是有所指向有象征意义的,如果我们去除表象找到了它们的象征意义,那么诗犹如其他文学体裁一样,就不再那么艰涩难懂了。

我们不妨来探讨一下蓝蓝的这首诗《自波德莱尔以来……》的象征意义。

该诗的前两自然段可以说是对大自然的直白描绘,没有什么晦涩难懂的,问题的关键是诗的这一段内容,"我们不再走出自己的手。/不再走出皮肤和眼睛。"到底象征着什么呢?可否这样理解,"自己的手"就代表了物质财富的创造,"不再走出自己的手"是否意味着人类不太重视物质财富的创造,而仅注重财富的获得了?从某种意义上说,人类已经被物欲蒙蔽了双眼,所以走不出去。同样,接下来的"不再走出皮肤和眼睛",仍然表明人类走不出物欲的困惑,正是因为有物欲的困扰,人们才会被世俗生活所羁绊,看不到大自然的存在,"花香和杂草丛,它们从未有过?"正因为人类被物欲迷惑了,所以人类失去了用心灵感知世界万物的能力,这是很可怕的,因此,"每一个定律都令我恐惧"。

因为作者作为一位先知的作家已经意识到了这一点,所以"我"要与众不同,抓住自己的感知,活出不一样的自己。"我活着/双手紧紧抓住谷子的/呼吸——在风中……"

正如有评论者说的那样:"在蓝蓝的诗中,虽然我们看不到那个狭义上的社会化范畴的'小我',然而,我们却在她充满爱的笔触诗语中看到一个个朴素、自然、高贵、幽雅而与万物自然相含融、共和谐的心灵上的'大我',一个真正女性化意义上的、灵魂上的自我。这个'我'在诗中,既是'奶着孩子的母亲',裸露着'脊梁的汉子',也是'甩动尾巴的驴子'、'骨碌着金色的眼珠的雏鸡'、'低头踩着碎步的老牛'、'在苜蓿地中一闪的翅蝶',更是'午间的村庄'、'正午的阳光'、'世界深沉的寂静'。"[1]

正如蓝蓝自己所说:"诗歌创作是一项复杂的思维活动,

---

[1] 赵彬、苏克军:《蓝蓝诗歌在我们时代的意义》,《楚雄师范学院学报》2009年第8期。

作用于诗人的不仅仅有修辞艺术的要求,还有作为一个社会人的良知,以及对存在的关怀和他人他物的想象力。追求单纯的技术主义从某一角度说,恰恰是一切扼杀人性、忽视人类情感、对人类生存处境冷酷漠视的现实客观上的帮凶。"①

毫无疑问,蓝蓝这段话既是她创作方式的一种表达,同时也是她创作态度的一种明证。应该说作为一位有良知的诗人,蓝蓝更注重强调的是内心的责任感,强调的是诗人的社会责任心。

当然,除了上文我们提到的河南女作家创作主题有以上的特点外,没有提到的河南其他女作家同样也有这方面的特质,只是限于篇幅,我们不便一一展开。

值得一提的是,任何作家的创作风格和创作主题都不会是一成不变的,由于生活阅历的增加,社会实践度的增强,在作家成长的过程中,她的作品也在成长中。生活是瞬息万变、千变万化的,即使是同一时期,作者的创作主题可以与某一方面有关联或者说有侧重,但也并不是一成不变的。当然,善于捕捉生活中细微变化的作家也是会变化的,只是我们为了更方便研究,才人为地将某些比较突出的特点归纳到了同一时期。比如我们说邵丽的小说也好,说乔叶的小说也罢,甚至论

---

① 蓝蓝:《"回避"的技术与"介入"的诗歌》,《文艺争鸣》2008 年第 6 期。

及蓝蓝的诗等,也都不只是只有其一没有其二,而是其一比较突出,我们就说其一了。

当然由于能力有限、篇幅有限,在这一篇短短的文章中,笔者不可能谈及河南所有的女作家,更不可能论及河南女作家的所有作品,我们仅挑拣了几个有代表性的女作家和她们的作品进行简单的论述,目的很简单,希望通过这些个"一"去反映那些个"万",由表及里,来揭示河南女作家创作的共性和普遍的问题。人常说,一方水土养一方人,河南女作家写作中的某些特点如果说与地域文化没有丝毫的关联,那是不可能的,但关联度有多大,才形成当代女作家如此的创作风格,这也是需要文学理论界去进一步认真探讨的命题。

可上头条的《头条故事》

——从乔叶的《头条故事》入选《2019年中国女性文学选》谈起

一

最近,被网络炒得比较热的一本书《2019年中国女性文学选》,由清华大学出版社出版,由中国女性文学研究专家、北京师范大学文学院教授、博士生导师张莉选编。张莉在这本书的序言中,对于收录的作品是这样说的:"本书收录的短篇小说,都出自女作家之手。这是她们在2019年度写下的生活,在北京、上海、苏州、深圳,在敦煌、西宁或哈尔滨,在洛杉矶、温哥华或埃塞俄比亚某地,她们写下自己对人生的理解。"①张莉从2019年女作家公开发表的成百上千部作品中,

---

① 张莉:《是讲述,也是辨认》,载张莉主编《2019年中国女性文学选》,清华大学出版社,2020,"序"第1页。

认真遴选了具有代表性的20位女作家的20篇短篇小说,编者的用意很明显,试图在同一时间点,从不同的维度和空间来表达不同女性的生存状况和她们的所思所想所悟。"二十位作家写了二十个故事,每一个都让人着迷。一些作品让人心生温柔、涟漪泛起;一些作品让人环顾四野、掩面叹息;还有一些,只是让人静默无语,想到无限的远方以及远方的那个人。"①应该说从这个角度来选编作品还是比较独到的,因此,得到了读者的认可和青睐。

当然了,作为以研究女性文学为主的女教授、博士生导师,张莉主编了《2019年中国女性文学选》,她所站的角度和要表达的思想内涵与一般编者相比应该是有很大的区别的。她试图多角度、全方位地反映女性生活,展示女性世界。正如张莉在《2019年中国女性文学选》序言中所说:"某种意义上,编选年度女性文学选对我而言是试图构建一个女性的、虚拟的文学共同体,一如当年在那棵大槐树下所发生过的。打开这本书,在同一个时刻同一个空间里,我们辨认和拥抱,我们诉说与倾听,我们有如看到镜中的姐妹和自己。"②

乔叶的《头条故事》入选其中。而乔叶《头条故事》中的主

---

① 张莉:《是讲述,也是辨认——关于女性写作》,载张莉主编《2019年中国女性文学选》,清华大学出版社,2020,"序"第1页。
② 同上书,"序"第2页。

人公苏紫正是编者所说的无数个"姐妹"中的一个,是活在网络新时代里,很具有典型意义和特征的"那一个"。

苏紫是一位中年知识女性,她生活在河南省会郑州,是一本叫《中原腔调》纸质杂志的主编,而《中原腔调》仅是"一本订阅量羞于出口的戏剧杂志"①。在纸质传媒日渐式微的今天,《中原腔调》的日子举步维艰。作为主编,她试图为杂志寻找新的突破口。在这种情况下,在本编辑部豆子和"今日头条"的小编悦悦的一再鼓动下,苏紫在"今日头条"上开了自己的自媒体号。通过"今日头条"苏紫不仅了解和掌握了许多网络用语和热词,而且她自己所发的头条内容还频频受到关注,得到网友的好评。苏紫第一次阅读量过十万的那条信息是她发的自己收藏的油印戏本的故事。作为一本订阅量羞于出口的戏剧杂志的主编,阅读量一下子有十多万,这令苏紫特别兴奋:"对网友的厉害,她从此心悦诚服。自此,她决定一周发两次,内容也更上心了些。耗时费神是必需的,不过能长见识,也有意外收获,为了这些见识和收获,耗时费神也值得。她也开始对阅读量和粉丝数在意起来,慢慢发现,原来这两样的增多确实也是会让人上瘾的,会让人有些甜丝丝的成就感。"②

---

① 乔叶:《头条故事》,载张莉主编《2019年中国女性文学选》,清华大学出版社,2020,第356页。

② 乔叶:《头条故事》,载张莉主编《2019年中国女性文学选》,清华大学出版社,2020,第361页。

苏紫毕竟不是一位普通的吃瓜群众,而是个文化人,是《中原腔调》的主编。正因为苏紫的身份"就是当仁不让的文化符号,我们太需要您来送文化啦"①,所以,她入驻"今日头条"是受编辑悦悦反复邀请的。作为一个体制内的传统杂志主编,什么话该说,什么话不该说,她还是十分有分寸的。她一再告诫自己"要有意疏离,不要让自己被话题蛊惑着去发一些什么内容。我的内容我做主,哪怕只有一个人读呢。她这么反复提醒自己"②。

苏紫尽管一再小心谨慎,到底还是因为自己的不慎而惹祸了。引火烧身的是一条有关树为啥要刷白的信息。其间,苏紫问刷树的师傅,为什么要给树刷白,用了个"不耻下问",这个词一下子惹怒了吃瓜群众。

恕我没文化,你这个不耻下问用得不对吧?

我不耻下问下,现在的主编门槛这么低了?

我不耻下问请教下,你是怎么当上主编的?

这个不耻下问用得好,表达了主编高高在上,看不起劳动人民的心态。

---

① 乔叶:《头条故事》,载张莉主编《2019年中国女性文学选》,清华大学出版社,2020,第356页。

② 同上书,第361页。

苏主编,你是有多高级?

苏大主编,请出来走两步呗。

············

苏紫终于理解了什么叫眼睛里有针、有刺、有木梁。①

至此,苏紫也真正体会到了吃瓜群众有多厉害,网络有多强大。正如豆子感叹的:"吃瓜群众果然是最最厉害的呀,无论是瓜藤瓜蔓还是瓜花瓜叶,甚或是大瓜还是小瓜时的一切枝节,总之是瓜的一切,只要是他们想刨的,什么都饶不了。"②只要是网络上的吃瓜群众想刨,无论你埋多深,任谁也跑不了,想让你进十八层地狱或让你飞升到天堂,都只是分分钟的事,都是网民说了算。因此,面对网友的指责,作为主编的苏紫是那样的不安无助又无奈:"眼看着这些不知姓名的其他群众吃得津津有味,吐得一地渣子,忧心如焚,却束手无策,真是讽刺。"③原本在苏紫看来,自己因为年龄大,有些落伍,不懂得网络世界里的规矩,就求助于对网络谙熟的豆子,豆子除了一脸的无辜也是无奈。难道对于网络世界就真的束手无策了吗?苏紫既焦虑不安又特别无奈。

---

① 乔叶:《头条故事》,载张莉主编《2019年中国女性文学选》,清华大学出版社,2020,第368页。
② 同上书,第374页。
③ 同上书,第372页。

于是,就形成了吃瓜群众的热闹和猛追不放与主编苏紫的焦虑、无助、不安和担忧等一明一暗的两条线索。这两条线其实也是我们今天现实社会的真实反映,作为个体的人面对强大的网络世界,心存好奇,有跃跃欲试的冲动,却又因为对网络不够了解,所以感到恐惧、不安、焦虑和无能为力。高高将你抬起的是它,狠狠将你摔下的仍然是它。《头条故事》不是隐喻,而是我们现实生活的真实写照。

但凡能够真实地反映当下现实生活的作品,就被评论家们解读成是接地气的作品。乔叶的《头条故事》之所以能入选《2019年中国女性文学选》,原因可能有多个,但肯定和这部作品十分接地气有关。所谓接地气,也就是人们常说的作品有人间烟火气,具体到文学作品,那就是能关注现实,描写当下人生活的真实体验。即用普通大众的语言,去讲普通大众所关心的事,不脱离大多数读者的审美阅读和情趣。笔者认为,接地气的作品均有两个特征,一个是所反映的生活就是普通大众所关心关注的生活,是普通大众心中有笔下无的,是发生在读者自己身边的事或者就是读者亲身所经历的,读者读了以后有亲切感;另一个就是站在时代的前沿,具有很强的时尚性,让读者觉得新鲜,不是陈年旧事,而是新近发生的或者正在发生的。这样对接地气的文学作品有个时间维度和空间向度上的约定,再回头谈乔叶的《头条故事》也就有规范了。

当然,本文仅是笔者的一家之言。

二

我们经常听到的一句话:"不是我不明白,是这世界变化快。"尤其是近些年,对于大多数中老年人来说(应该说也包括一部分年轻人),对这句话的理解是越来越深刻了。人们处于信息大爆炸的网络时代,对于我们须臾也离不开的网络世界,是既好奇、陌生又有很强的恐惧和不安感。这种体会不仅是我们生活在现实社会中的普通人有,就连先知先觉的作家也有,甚至生活在文学作品中的主编苏紫也有,应该说,这是时代给人们造成的一种通病。面对一个未知的世界,有惶恐和不安也属正常,只是在这种不安的状态下,人们需要的是抱团和共同面对,而我们这个社会如今最缺乏的就是人与人之间的信任感。所以,作者乔叶在谈《头条故事》的创作过程中就说:"他们不认得我,我也不认得他们。也因此,一切都更为真实。不像朋友圈里都是熟脸,起码也有点赞之交,需要适度的客气和敷衍。因为陌生,在这里(今日头条——笔者注)收获的赞赏和纳悦都更为纯净温馨,也因为陌生,遭遇的哂笑甚至嘲骂也格外刻薄冷酷。烟火气的双面性就此显现出来:既能暖得冒大汗,也能呛得肝肺疼。对于前者,我自然只有感激。对于后者,我常常是既恐惧又好奇,却无招架之力,更无招架之功,惯用伎俩就是逃避,沉默,等待那个时刻过去。然后,找个空闲时刻,一条条地仔细翻看,想象着自己就是芸芸隐身键盘侠中的一位,而那个'乔叶'不过是一个平淡无奇、乏善可陈的中年女作家。在无风无浪的时候,她的精神世界貌似平静强大,一旦遭遇哪怕是小小的故事或者事故时,就暴露出了某种不堪的真相:那样愚蠢,可怜,脆弱,不自由。"①由此,可以看出,作家乔叶的感受,实际上也是你、我、他的感受,最终幻化成了作品中苏紫的感受。

作品有没有烟火气,接不接地气,是大众评判一部作品好坏的重要标准。应该说,乔叶是一位十分接地气的作家,她的所有作品都充满着浓浓的烟火气。有评论家说乔叶的小说擅长写日常、家常的世俗的人生和情感。"我一直觉得,你就有一颗强大的世俗心,你的小说,对世俗生活的了解、感受和表达特别细微、丰富和饱满。有评论说你是紧贴着生活去写作。《大河报》对你的专访里曾提到一个说法,说你是浸泡在生活里的作家。"②

《头条故事》同样也是一篇烟火味很重的作品,作品中的

---

① 乔叶:《烟火气的两面性》,https://www.sohu.com/a/333230066_202823.
② 任喻、乔叶:《从尘埃里开出花来》,《创作与评论》2014年第14期。

每一个人都是生活在我们现实社会中普通人的化身。无论是上有老下有小的主编苏紫,还是作品中的80后、90后的悦悦和豆子等,都明显地带有社会中普通人的痕迹。他们就是生活在我们身边的小张或者小李,他们时尚新潮,说一些时代感很强的话,对自己的领导不叫领导而叫小主。而苏紫的所有小心思,均是我们现今社会中作为女性主编所会有的。她担心自己跟不上时代的步伐,作为主编被年轻的编辑笑话,就千方百计地想接近这些时尚的年轻人,在潜意识里也想拉近与这些年轻人的距离,似乎只有这样才能证明自己没有被时代所淘汰。"在这种事情上,她很在意这些小年轻的意见。不能不在意。杂志再小众,总也是对外的,多少总要吸纳一些当下的新鲜信息,而身边这些小年轻就是最便捷的信息来源。别的不说,单是一两日不好好和这些小编辑们聊天,再听他们说话,她就会觉得有些磕绊。既不明白'撩''套路''洪荒之力'之类的老词有什么新用,也不好懂'人艰不拆''喜大普奔''细思恐极'之类的新闻是如何诞生,更不清楚'小目标''友谊的小船'之类的段子笑点在哪里。这些半生不熟的词就像一堵堵或厚或薄的墙,会把她和他们高高低低地隔开,想要迈过去总是会显而易见地费力。"① 这种担心落伍被时代淘汰的恐惧

---

① 乔叶:《头条故事》,载张莉主编《2019年中国女性文学选》,清华大学出版社,2020,第357页。

感,岂止是苏紫有,现实生活中的许多人都有。当然这也是作家乔叶的真实感受。

三

文学作品接地气的另一个特点则是具有很强的时代感,站在时代的前沿,很时尚。一部文学作品有没有时代感,站没站在时代的前沿,很大程度上体现在作者所书写的语言上。在《头条故事》中,无论是苏紫或者是悦悦、豆子等说的每一句话,都是生活在网络时代里的人的用语。以苏紫那条引火烧身的头条为例,苏紫见自己的话惹了祸,赶紧求豆子帮忙,豆子急忙打的赶到苏紫家里商量对策。一进苏紫家门,豆子就说:

小主,阅读量已经八十万了,您莫不是从此就成红得发紫的网红了?您闺名又是紫,这可真是实至名归啦。一进门,豆子就吊着嗓子阴阳怪气地戏谑,她明亮的笑容让苏紫紧绷的神经有效地松弛了一些,一瞬间却也有了下垮之势。她忙振了振精神,也以少有的夸张热情拉着豆子在沙发上坐下,肉麻撒娇道:"别贫了,赶快支招救命吧,我要死啦。"

············

可上头条的《头条故事》　105

苏紫微斜着身子,贴偎着豆子小小的肩膀,似乎这是世界上最坚实的依靠。刚才那些评论,她没敢细看。此时,挨碰上这个小肩膀,她方才有勇气逐条过目。

豆子分析说,这些评论看似泱泱,其实全都可以简化为一个字:怼。若要强行划分,可分为轻怼、中怼和重怼这几个层级……①

文学原本就是语言的艺术,文学作品的成功与否,很关键的一个因素就取决于作者所书写的语言。写散文起家的乔叶语言原本就很有特色,乔叶的语言简洁、澄明,通俗易懂,于无声处便走进读者的心灵。有人评论乔叶的语言:"乔叶以她丰富的生活体验,使其作品洋溢着浓厚的生活气息,语言的生活化、世俗化给正统的文学话语输入了新鲜的血液,不愧为一朵'中原大地上的紫色牡丹'。"②由于篇幅所限,有关乔叶语言特色,不在此赘述,仅从作者近贴时尚和生活略说一二。

笔者粗略统计下,《头条故事》这篇不足2万字的小说,仅网络语言就用了几十个之多,像前文提到的"小主""撩""套路""洪荒之力""人艰不拆""喜大普奔""细思恐极"等不用说,

---

① 乔叶:《头条故事》,载张莉主编《2019年中国女性文学选》,清华大学出版社,2020,第367页。

② 李琦:《析乔叶小说的语言特色》,《山花》2012年第14期。

还讲述了像大猪蹄子、真香等网络流传极广的故事。还有作者在叙事的过程中,不自觉所使用的网络语言就更多了。诸如"泱泱""怼""被喷""吃瓜群众""狗仔"等网络热词更是信手拈来,而恰恰是这些网络热词看似不经意的运用,增加了作品的烟火气,才使作品更加接地气。

正如有评论者说的那样:"乔叶小说中的烟火味不仅弥漫于细节和情节之中,不独其笔下的女性,甚至于各色人等,甚至于不怎么熟悉的生活领域,处处皆流溢出世情俗气的色调,凡俗得如此彻底,以至于烟火味成了其小说的一种独特气质和韵味。"[1]

---

[1] 刘军:《乔叶小说:小叙事与女性成长》,《中国现代文学研究丛刊》2014年第12期。

第三辑：艳丽论创作

语言的魅力

——文学创作语言谈

一

最近读了2017年第3期《文学自由谈》上的一篇文章《文学的未来就是"写语言"》,感慨颇多,尽管作者龙冬话说得有点绝对,但他表达的观点我还是颇为赞同的。借此,我也想说一说作者龙冬对文学语言的一些看法。

从现在开始,文学,就是"写语言"。也可以不写。不写的,就不是文学。

经典作品,首先语言要精彩。

…………

语言开始的地方,文学才能够生长。

············

中国百年白话文学,有责任的作家无不用心用力探索语言,寻找语言。仿佛一个婴儿的初生,因为对母腹的依恋而号啕不止。

尊重语言,是判断一位作家合格与否的标志。

"语言是气氛。"汪曾祺说过。

············

写语言,写语言。不要与我讨论除却语言,你还有那么多生活的内容要表现。生活,它原本就在那里。

文学的生活,终将是语言的欢乐颂。

············

羽翼振动,是语言。花开,是语言。云蒸霞蔚,是语言。它们都诉诸你的感官。

写语言,写语言,这是文学的唯一目的。

用语言写,用语言写,这是文学的唯一追求。

············

语言窒息的地方,文学必然死气沉沉。

············

什么是美好的文学语言?

············

用语言思想,用语言联想。思想到语言,联想到语言,心事浩茫。即便不写,你心里也有文学存在。

…………

强调语言,就是强调作品的文学性。

强调语言的同时,作品里其他内容的处理将变得庄严。

…………

语言并非形式。一旦将语言与内容分割,语言就陷于刻意。工具的精心打造,往往刻意为之。

让语言和语言相伴,随同内容,一起生长。

语言拒绝刻意,自然发生,自由流淌。

文学的未来就是"写语言"。也可以不写。不写,这文学哪怕包罗万象,哪怕它是全宇宙的百科全书,全宇宙的精神大全,却一定不是文学。这是没有办法的事,只有这么一个道理。①

若严格从论文写作的角度论,从表面上看,龙冬的这篇文章缺乏缜密的思维和有条理的逻辑,更缺乏能够以理服人的论据,甚至从严格意义上说,这不应该算是一篇学术论文。但若除去表皮,仅从写作学的角度去论,仅从语言在文学运用的

---

① 龙冬:《文学的未来就是"写语言"》,《文学自由谈》2017年第3期。

实际情况去看,你不觉得龙冬所言也入情入理吗?

依我看,语言它在文学创作中,无论是在诗歌、散文、小说,甚至连新闻性和纪实性比较强的通讯、报告文学等全部算在内,你难道不觉得语言它的确有着巨大的魅力吗?用魅力四射来形容语言在文学创作中的作用,我以为还是比较恰当的。

事情就是那些事情,人物还是那些人物,而谁的语言更胜一筹,谁的语言更能抓住读者的心,谁就胜出了。往往我们被文学吸引的不只是故事的本身,还有叙述故事的语言,叙述语言精准到位,就能把读者的胃口吊起来,跟着你走,随着你看,即便故事不十分精彩,也能随着你生动、幽默、风趣的语言一行一行地看下去。反之,尽管故事很精彩,因为你叙述得干巴巴的,毫无生气,既没温度也没张力,不能把自己真正地融入作品中去,仅只做个局外人,读者看着看着就跑神了,文章也就读不下去了。由此看来,文学就是语言的艺术,文学的高下之分就在于叙述语言的优劣。

二

引起我想说要重视文学语言这一话题的,其实并非仅龙冬这一篇文章,还有河南大学的文学评论家刘军的《什么是好散文》①,在这篇文章中,他也说到了语言的重要性。

刘军在《什么是好的散文》一文中指出:"具体来说,一为散文语言,一为个性的确立。先说散文语言,这个要素涉及最基本的传达与呈现层面。过去,人们的认识有误区,一直觉得家常话就可以写出上乘的作品,此论实谬。散文既然是文学之一种,那么它必须追求文学性,而散文语言就是文学性呈现的最直观的载体。卡勒所言的文学是语言的突出,这个准则可适用于一切文体。因此,表达的自觉是个基本的门槛,个体与语言、语词之间需要建立一个敏感机制,尝试着让笔下的词汇重新苏醒过来,赋予其独特的体温和含义。散文语言直接关乎着个人风格的确立,按照歌德的描述,风格又是艺术所能企及的最高境界。这就意味着,一流的散文作品在语言层面必然体现出作家自身纯熟的话语呈现能力,文字之美或者文字之力与写作技巧、修辞之间,有着极佳的贴合度。"②

对于刘军的这段话,我是有赞成有反对的。我赞成刘军有关好的散文首先得是语言好,语言是散文的基础,语言不优美,没有吸引力,散文就失去了它的诱人魅力了。但对于什么样的语言才算是优美的语言,他觉得家常话不是写散文的优

---

① 刘军:《什么是好的散文》,《文艺报》2018年3月23日第7版。
② 刘军:《什么是好的散文》,《文艺报》2018年3月23日第7版。

美语言,这观点我是不赞成的。我以为家常话也可以变成散文里十分优美的言语,只是要注意语境。其实,散文语言优美不优美不在于它运用的是家常话还是书面语。关键在于它叙述的语境,看是不是符合它的语境,语境对了,家常话也可以优美动人。鲁迅是我们国家著名的文学大师,而在他写的散文《秋夜》中,开篇这样描写他家的枣树:"在我的后园,可以看见墙外有两株树,一株是枣树,还有一株也是枣树。"鉴赏家们这样评论这段话:"没有从较大场景着笔写秋夜,而是劈头一句即以奇特的重复修辞格凸现枣树,如奇峰突兀,赫然而立,十分醒目。这种特写镜头式的表现手法既强调了两株枣树傲然独立、凛然不可侵犯的精神风貌,又形成了全文整体意境中的骨脊,特别鲜明突出。"①这十分家常话的语言,因为叠用,因为符合写作的语境,而变得锦上添花,成为经典名句,你难道能说在此处大白话的运用表现得不好吗?所以说,符合不符合语境显得尤其重要。我这里说的语境,也就是刘军文中提到的贴合度问题。

三

到底什么样的文学语言才是最好的呢?文学语言到底有

---

① https://baike.so.com/doc/6278017-6491463.html.

没有标准呢？朱中原发表于2017年8月3日《文学报》第7版上的《今天我们究竟需要什么样的文学语言？》回答了这个问题。

这篇文章开篇就说："文学之变，不仅仅是思想之变，风格之变，更是语言文体之变。过去我们很少注意到，中国文学流派的划分，在很大程度上其实是文学语言及文学风格的划分。文学语言是支撑一个作家风格独立的重要标志。"①在作者看来，一部好的文学作品，之所以好，语言是关键，他强调："而对于一个作家而言，其实最重要的恰是文学语言的建构与突破。文学是一个作家的生命，文学语言则是一个作家作品的灵魂。语言不过关，文学等于零，思想等于零。"②由此可见，语言对于一部著作来说，显得多么的重要。

的确如此，鲁迅和沈从文两位大家，同样是写景表意，风格却是完全不相同的。熟悉他俩写作风格的人，仅从文字的描写，就能分辨出不一样来："时候既然是深冬；渐近故乡时，天气又阴晦了，冷风吹进船舱中，呜呜的响，从篷隙向外一望，苍黄的天底下，远近横着几个萧索的荒村，没有一些活气。我的心禁不住悲凉起来了。"（鲁迅《故乡》）这段文字一看便知是鲁迅

---

① 朱中原：《今天我们究竟需要什么样的文学语言？》，《文学报》2017年8月3日第8版。
② 朱中原：《今天我们究竟需要什么样的文学语言？》，《文学报》2017年8月3日第8版。

语言的魅力

写的。鲁迅的文字萧瑟苍凉,但又内含着一种骨气。"由四川过湖南去,靠东有一条官路。这官路将近湘西边境到了一个地方名为'茶峒'的小山城时,有一小溪,溪边有座白色小塔,塔下住了一户单独的人家。这人家只一个老人,一个女孩子,一只黄狗。"(沈从文《边城》)素描式的场景勾勒透着轻快和活泼,一看便知是沈从文。其实,不用我多说,你仅凭自己的眼看,凭自己的心去感悟,你也能体会到二者的不同,这就是风格!鲁迅是鲁迅,沈从文是沈从文,这大概就是文学的魅力所在吧。

天气已经将近四月了,一堆接连而来的晴天,中间隔着几次小雨,把园中各样树木皆重新装扮过了。各样花草都仿佛正努力从地下拔起,在温暖日头下,守着本分,静静地立着,尽那只谁也看不见的手来铺排,按照秩序发叶开花。开过了花还有责任的,且各在叶底花蒂处,缀着小小的一粒果子。这时傍近那一列长长的围墙,成排栽植的碧桃花,同火焰那么热闹地开放。还有连翘,黄得同金子一样。木笔皆把花尖向上蠢着。

——摘自沈从文《春》

小草偷偷地从土地里钻出来,嫩嫩的,绿绿的。园子里,田野里,瞧去,一大片一大片满是的。坐着,躺着,打两个滚,踢几脚球,赛几趟跑,捉几回迷藏。风轻悄悄的,草软绵绵的。

桃树、杏树、梨树,你不让我,我不让你,都开满了花赶趟儿。红的像火,粉的像霞,白的像雪。花里带着甜味;闭了眼,树上仿佛已经满是桃儿、杏儿、梨儿。花下成千成百的蜜蜂嗡嗡地闹着,大小的蝴蝶飞来飞去。野花遍地是:杂样儿,有名字的,没名字的,散在草丛里像眼睛,像星星,还眨呀眨的。

——摘自朱自清《春》

同样是写《春》,朱自清的《春》和沈从文的《春》又各不相同,各有各的味道,各有各的风趣。沈从文就是沈从文,朱自清就是朱自清,任谁也不能把他们混淆了,这是为什么呢?仍然还是语言的魅力。

至于说作者认为:"一个成熟的作家,必须熟练驾驭本土语言、现代白话与古典雅言之间的关系,并成功地化用于文学创作中。"[①]在此,作者强调的好语言,应该是雅俗共赏的语言。本土语言是俗语言,而古典语言则是雅语言,好的文学语言就应该是雅中有俗,俗中带雅。"文学之雅源于语言之雅。语言之雅,源于生活,在古代即为雅言。生活之积淀,即有俗语与白话。故此,雅言与俗语、白话之间,从来就不是绝对分明的,雅言中有白话、俗语。俗语、白话的书面语化,便是雅

---

① 朱中原:《今天我们究竟需要什么样的文学语言?》,《文学报》2017年8月3日第8版。

言。所以,优秀的文学作品,从来就是雅白相间。"①

其实,作者的这些观点我是不能完全苟同的,只是鉴于篇幅,我就不展开针尖对麦芒的辩论了。在此,留点空间,还是说说我本人认为的好语言吧。

四

我以为,无论你写哪种体裁的文章,语言都是关键,是支撑你文学大厦建构的栋梁,栋梁不牢靠,早晚你的大厦是要坍塌的。诗歌也好散文也罢,小说也行,哪怕你写的是报告文学和新闻通讯,语言都是一切的基石,如果你能运用文学的语言去建大厦,早晚你都能建一栋漂亮的楼房。

那么,到底该运用什么样的语言去写才算是好的文学语言呢?我以为要用有温度(有情感有爱)、有张力(给人想象的空间)、有切合度(有适合的语境)的语言去表述。这样,无论哪种体裁的文章,你都能把它写好。

先说有温度。其实温度这个词,应该是与人的体感相连的。人不去触摸,不去体会,哪里来的体感呢?文字是用来读的,哪里会有体感呢?我这里所说的体感,就是作者的情感。

---

① 同上。

无论写什么样的文章,哪怕是写论文,也要想办法把作者自己的情感融进去,人无情感投入,只能成为一个工匠,永远都变不成一个设计师。工匠盖房子垒的只是砖,而设计师盖房子,就融入了他对设计的情感。所以,我们搞文学创作的人,不能把文字当成一种工具,一定要把文字当成你用来表情达意的一个组成部分,把文字看成是文章的一部分,而且是很关键很紧要的部分,是能锦上添花的部分,那样,你表达的时候就会带着情感了。举个例子,叙述一个外乡人对工作生活过的地方的热爱。如果不把文字融入情感,可能会这样写:"我已经在这个城市生活了将近30年了,我对这座城市已经有感情了,所以我要写它。"而如果将文字注入了情感,表达出来就是这个样子:"若认真论起来,我还不能算是一位地道的安阳人,查我家八代祖宗似乎都与安阳无关。只是在安阳生活的时间长了,喝着洹河水,吃着安阳饭,慢慢地,我的骨髓里也渗进了安阳的血液。是啊,一方水土养一方人,日积月累,安阳的扁粉菜和粉浆饭也成了我的最爱。不仅如此,若有外乡好友来访,我也定会以主人翁的身份向他们推荐。渐渐地,我的安阳味越来越浓了,浓得化都化不开。这时,谁还能说、谁还敢说我不是安阳的一员?"[①]

---

① 周艳丽:《印象安阳》,载《印象安阳》,百花文艺出版社,2012,第2页。

再说张力,所谓有张力,就是要给人留下想象的余地,要有言有尽而意无穷的效果。作者不是读者的保姆,不能事无巨细地都照顾到,更不能越俎代庖,把什么都交代得清清楚楚,文章读完了,读者的思路也完了,没有回味的余地。到底怎样才能给文章留下想象空间呢?这是个大题目,一句两句话也说不完,因是个大题目,我还是放在另一篇文章中单独谈吧。只是你一定要记住,不能把什么都说出来,也不能把什么都写出来,要给读者留点想象的空间,在文学创作中也叫留白。

关于切合度的问题,实际上就是语境的问题,什么样的语境该说什么样的话,那也是有讲究的,语境不对,你说出的话也会变味的。不妨看下面这段语言:

老李忙得满头大汗不亦乐乎,我瞅了空档趴在老李耳边悄悄地告诉了他一个秘密:"我决定改名换姓,不随你了,有啥想法?"

黄花鱼满锅噼里啪啦翻滚着,一团团生分的面糊糊正在渐渐膨胀,渐渐变成可爱的焦黄色。老李集中精力目不转睛地盯紧着鱼,对我看也不看一眼。我讨了个没趣,自觉面子上有些下不去,便把声音提高了喊起来:"反正以后我随我妈姓!"说完头一扭欲转身离去。

这时,老李开口了:"你就是随了毛主席姓,也是我老李家的闺女,我也是你爹,哼!"一副稳操胜券气势凌人的样子!

老李说的一点没错。他是我爸,这是实打实的事。毛主席他老人家叱咤风云打下江山,却也没有本领改变人的血缘关系。老李一句话居然就轻轻松松赢了伟大领袖毛泽东,我乃乌泱泱蟹将虾兵之其一,更是不在话下。

摘自网络:付黎《老李的粗犷人生》

这段父女的俏皮幽默的对话是发生在主人公老李正在专心致志地为客人煎炒烹炸时,闺女为引起老李对自己的注意才说的。若换个地方、换个人,这段对话就显得突兀了。语境对了,犹如穿了双合脚的鞋子,跑啊跳啊,想怎样就怎样,脚是舒服的;否则,不是挤脚就是硌脚,会不舒服的。这就是语言的魅力!

留白极致静　空旷无言美

——以汪曾祺的《故里三陈》中的陈四为例谈文学创作中的留白

要说明"留白"一词的含义和来龙去脉,我们不妨追一追历史。

有记载称,"留白"一词最早出现于元代饶自然《绘宗十二忌》中,他在讲述金碧画法中山石的作画步骤时提到:"其石便带皴法,当留白面,却以螺青合绿染之。"大意是说,纸面留白的目的是为了后续的染色效果。

何谓"留白"?许愿等在《"留白"的词义考证及内涵辨析》中将留白分为三个表意类型:"一是对颜色呈现为白色的物的指代,尤以雪为多,如'嫩节霜留白''阴岭尚留白';二是对某物在消逝过程中留下的物质、非物质痕迹的现状进行描述,暗含时间变化的过程,如'驹光过隙空留白';另一类则是人在创作介质上刻意预留白地之意,主要现于画论。"①由此可见,"留白"一词最早用于绘画艺术。

那么,我们经常所说的"留白"的"白"到底指的是什么呢?"'白'隶属于中国传统哲学持续关注的一个极为重要的范畴,无、空、虚、白等概念的哲学认知,直接影响甚至支配着绘画、书法、诗词、音乐等各艺术门类的运转机制。"②对于"留白"中的"白"也有人解释为,白只存在于人们的感觉认知中,要寻找的不是白自身而是一种感觉白的方式。

其实,不同的艺术形式,所"留白"的内容也是各不相同的。那么,文学创作中的"留白"留的到底是什么"白"呢?这是我想与大家探讨的。

不妨,我们拿绘画和文学创作中的"留白"来做个比较,也许能更好地说明文学创作中的"留白"。我们知道,"留白"一词原本用于绘画技法,在绘画中,画家为了突出墨色,往往采取"留白"的方法,即在墨的四周有意不着色,这样就突出了墨色,同时也给观者留下了无限想象的空间。即布景的灵韵往往不在笔墨之内,而在笔墨之外,达到此处无声胜有声的效果。而文学作品中的"留白"与绘画中的"留白"是不相同的。

---

① 许愿、朱育帆:《"留白"的词义考证及内涵辨析》,《艺术设计研究》2017年第4期。
② 同上。

绘画通过不画给人留出想象的空间,让观者通过笔墨中的墨和不画中的白,即实与虚的结合体悟画家的意图和用意。而文学作品却不能像绘画那样留下空白,什么也不写。文学作品的"留白"是需要写的,写什么呢?这是关键。文学作品的"留白"既然需要去写,那就不能写与主题有关的话,如果那样写,就不叫"留白"了。既然是"留白",就需要写一些题外话,写一些与情节看似无关,实则又有关联的话,写一些表面上看去与主题无关,实则与主题紧密相连的话,大有顾左右而言他之意。通过这种"东边日出西边雨,道是无情却有情"的虚实相间的描绘,给读者留出想象的空间,让人去联想,达到言有尽而意无穷的效果,这就是文学创作中的"留白",其目的是以虚避实,虚实相间,以虚带实,引起读者思考,起到升华主题的作用。

在近现代的文学创作的大家中,大家公认的"留白"高手是汪曾祺。我们不妨以他的小品文《故里三陈》中有关陈四的描写,来具体说一说,汪老是如何"留白"的。

《故里三陈》中的陈四是个泥瓦匠,作者开头仅用一句话,就将陈四给交代了:"陈四是个瓦匠,外号'向大人'。"

仅这么一句话,读者看后就会发问了:陈四是个瓦匠,如果有外号也该是与瓦匠有关的,而外号"向大人",似乎与瓦匠无关。接下来作者要写陈四什么呢?

按常规的写法,作者接下来就该写作为泥瓦匠的陈四和被称为"向大人"的陈四之间的关系,写一个瓦匠是如何被称为"向大人"的,将"瓦匠"和"向大人"的身份交代得清清楚楚的。

而汪老高就高在并没有按常规的写法去写,而是采取了"留白"的写法,顾左右而言他。

作者笔锋一转开始介绍看似与陈四无关,而实际却与陈四"向大人"这一外号密切相关的"迎会"来。

"迎会"迎的是什么呢?迎的是城隍和土地二神。

汪曾祺写道:"我们那个城里,没有多少娱乐。除了听书,瞧戏,大家最有兴趣的便是看会,看迎神赛会,——我们那里叫做'迎会'。"

汪曾祺这一写不打紧,有关迎会的内容,林林总总写了好几千字,几乎占了整个文章的大半版面。从迎神开始写起,写人们对迎神的极其重视。可以说从上到下,从县政府到普通百姓,都把迎神当成县城最重要的事情来办。

那真是万人空巷,倾城出观。到那天,凡城隍所经的要闹之处的店铺就都做好了准备:燃香烛,挂宫灯,在店堂前面和临街的柜台里面放好了长凳,有楼的则把楼窗全部打开,烧好了茶水,等着东家和熟主顾人家的眷属光临。这时正是各种瓜果下来的时候,牛角酥、奶奶哼(一种很"面"的香瓜)、红瓤西瓜、三白西瓜、鸭梨、槟子、海棠、石榴,都已上市,瓜香果味,飘满一街。各种卖吃食的都出动了,争奇斗胜,吟叫百端。到了八九点钟,看会的都来了。老太太、大小姐、小少爷。老太太手里拿着檀香佛珠,大小姐衣襟上挂着一串白兰花。佣人手里提着食盒,里面是兴化饼子、绿豆糕,各种精细点心。

远远听见鞭炮声、锣鼓声,"来了,来了!"于是各自坐好,等着。

——摘自汪曾祺《故里三陈》中的陈三部分

各位想一下,如此重要的活动,如此万人空巷的场合,任谁也是不敢出错也不能出错的,更何况是扮演"向大人"这么重要的角色了,更不能出错。这话尽管在文章中没有交代,而读者一看文章就能想到。

为了突出这迎会活动的重要性,作者将迎神的步骤也写得详详细细的:

打头的是"拜香的"。都是一些十六七岁的小伙子,光头净脸,头上系一条黑布带,前额缀一朵红绒球,青布衣衫,赤脚草鞋,手端一个红漆的小板凳,板凳一头钉着一个铁管,上插一支安息香。他们合着节拍,依次走着,每走十步,一齐回头,把板凳放到地上,算是一拜,随即转身再走。这都是为了父母生病到城隍庙许了愿的,"拜香"是还愿。后面是"挂香"的,则都是壮汉,用一个小铁钩钩进左右手臂的肉里,下系一个带链子的锡香炉,炉里烧着檀香。挂香多的可至香炉三对。这也是还愿的。后面就是各种玩艺了。

——摘自汪曾祺《故里三陈》中的陈三部分

这各种玩艺在汪曾祺的笔下,一样也没放过,仍然写得有条不紊,津津乐道,洋洋洒洒近千字。茶担子、花担子、舞狮子、跳大头和尚戏翠柳、跑旱船、跑小车、高跷等一样不落全部写了。这还不算,汪老笔锋还不舍得扭转,接着又写城隍老爷仪仗队的威武气派,又是洋洋洒洒的近千言:

后面才真正是城隍老爷(叫城隍为"老爷"或"菩萨"都可以,随便的)自己的仪仗。

前面是开道锣。几十面大筛同时敲动。筛极大,得吊在一根杆子上,前面担在一个人的肩上,后面的人担着杆子的另一头,敲。大筛的节奏是非常单调的:哐(锣槌头一击)定定(槌柄两击筛面)哐定定哐,哐定定哐定定哐……如此反复,绝无变化。唯其单调,所以显得很庄严。

后面是虎头牌。长方形的木牌,白漆,上画虎头,黑漆扁宋体黑字,大书"肃静"、"回避"、"敕封灵应侯"、"保国佑民"。

后面是伞,——万民伞。伞有多柄,都是各行同业公会所献,彩缎绣花,缂丝平金,各有特色。我们县里最讲究的几柄伞却是纸伞。硖石所出。白宣纸上扎出芥子大的细孔,利用细孔的虚实,衬出虫鱼花鸟。这几柄宣纸伞后来被城隍庙的道士偷出来拆开一扇一扇地卖了,我父亲曾收得几扇。我曾看过纸伞的残片,真是精细绝伦。

最后是城隍老爷的"大驾"。八抬大轿,抬轿的都是全城最好的轿夫。他们踏着细步,稳稳地走着。轿顶四面鹅黄色的流苏均匀地起伏摆动着。城隍老爷一张油白大脸,疏眉细眼,五绺长须,蟒袍玉带,手里捧着一柄很大的折扇,端端地坐在轿子里。这时,人们的脸上都严肃起来了,正如鲁迅先生所说:诚惶诚恐,不胜屏营待命之至。

城隍老爷要在行宫(也是一座庙里)待半天,到傍晚时才"回宫"。回宫时就只剩下少许人扛着仪仗执事,抬着轿子,飞跑着从街上走过,没有人看了。

——摘自汪曾祺《故里三陈》中的陈三部分

这样写下去,一篇有关陈四的不足五千字的短文,仅这些"鸡零狗碎"就占去了四千字。留给陈四的仅只是开头那一句话和结尾处的:

擅长表演向大人的,只有陈四,别人都不如。

到了会期,陈四除了在县城表演一回,还要到三垛去赶一场。县城到三垛,四十五里。陈四不卸装,就登在高跷上沿着澄子河堤赶了去。赶到那里,准不误事。三垛的会,不见陈四的影子,菩萨的大驾不起。

有一年,城里的会刚散,下了一阵雷暴雨,河堤上不好走,他一路赶去,差点没摔死。到了三垛,已经误了。

三垛的会首乔三太爷抽了陈四一个嘴巴,还罚他当众跪了一炷香。

陈四气得大病了一场。他发誓从此再也不踩高跷。陈四还是当他的瓦匠。

到冬天,卖灯。

冬天没有什么瓦匠活,我们那里的瓦匠冬天大都以糊纸灯为副业,到了灯节前,摆摊售卖。陈四的灯摊就摆在保全堂廊檐下。他糊的灯很精致。荷花灯、绣球灯、兔子灯。他糊的蛤蟆灯,绿背白腹,背上用白粉点出花点,四只爪子是活的,提在手里,来回划动,极其灵巧。我每年要买他一盏蛤蟆灯,接连买了好几年。

——摘自汪曾祺《故里三陈》中的陈三部分

各位,通篇不足五千字的文章中,我们以为关键的描写也不过只千余字，而在这千余字的内容中，有关陈四地位的不可替代性只有一句："擅长表演向大人的，只有陈四，别人都不如。"大块的段落全是"留白"，而正是这看似无关其实至关重要的顾左右而言他的描写手法，一个活得认真、精致、有尊严、有个性的泥瓦匠陈四的形象跃然纸上了，甚至连作者对陈四的敬仰和感佩之情也写出来了。

这就是"留白"的妙用！

文章千古事,得失寸心知

每谈起有关文章的话题,似乎"文章是什么"是个绕不过去的问题,但这又是个令人头疼的问题。因为,有关"文章到底是什么"或者换句话说"文章到底包含着什么"的"官司"已经打了几千年了,至今莫衷一是。"文章"一词最早出现在《周礼·考工记》中,说:"青与赤谓之文,赤与白谓之章。"显然,这里的"文章"一词与我们今天所说的文章风马牛不相及。"厉王无道,天下荡荡,无纲纪文章。"(《诗经·大雅·荡》)这里的文章应该指的是规则、规矩,似乎也与我们今天所说的文章无大关系。曹丕在《典论·论文》中说:"夫文本同而末异,盖奏议宜雅,书论宜理,铭诔尚实,诗赋欲丽。"说的是不同的文章有不同的写法。晋人挚虞在《文章流别论》中阐述的是写文章写作的目的:"文章者,所以宣上下之象,明人伦之叙,穷理尽性,以究万物之宜者也。"陈道望《作文法讲义》:"文章,是一种传达意思的工具","用文字传达意思的制作,就是文章。"《辞海》:"今通称独立成篇的、有组织的文字为文章。"《现代汉语词典》:"篇幅不很长的单篇作品","泛指著作"。

尤其是新文化运动后,中国出现了"语文"这一概念,语文其实就是研究和学习各种类别文章的。到底语文是干什么的?更没有统一的说词。回顾一下,大体有如下几种有代表性的说法。以王力为代表的:语文即语言文字。以吕叔湘为代表的:语文即语言文学。以叶圣陶为代表的:语文即语言文章。以罗常培为代表的:语文即语言文化。以曾祥芹为代表的:语文即语言、文章和文艺三足鼎立。

而本文的重点并不在于探究什么是文章,或者文章是研究什么的。有关文章的话题,有关文章的是是非非,笔者并不想涉足太深,实际上也没能力涉足太深。在此,笔者仅是想凭借"文章"一词来说另外一个话题,那就是,我们为什么要写文章呢?或者换种说法,人们写作的目的是什么?

这个问题是写一切文章的根本问题,这个问题解决了,所有有关文章的问题也就迎刃而解了。

说个有趣的话题,您知道"写作"一词在我国最早研究汉语的经典著作《说文解字》中是如何解释的吗?

"写,置物也。谓去此注彼也。《曲礼》曰:'器之溉者不写,其余皆写。'注云:'写者,传己器中乃食之也。'《小雅》曰:

'我心写兮。'传云:'输写其心也'。按凡倾吐曰写,故作字作画皆曰写。俗作泻者,写之俗字也。《周礼》'以浍写水',不作泻。从宀,写之则安矣,故从宀。"(许慎撰《说文解字》)简单理解,"写"的本意就是写作主体要表达自己的意愿。"作,起也。《秦风·无衣》传曰'作,起也'。《释言》《谷梁传》曰'作,为也',《鲁颂·駉》传曰'作,始也',《周颂·天作》传曰'作,生也',其义别而略同。别者所因之文不同,同者其义一也。"(段玉裁注《说文解字注》)

由此,我们也可以看出,写作的最本真目的就是为了表达的需要。如果说"写"是作者要表达意愿的话,那么"作"则含有创造和生成的意思。

关于写作的目的,古人"文以载道""不平则鸣""言为心声""诗言志""抒己意所欲言而宣之于外"等,说的都是这一个意思。

按我的理解其实更简单,作者写作的目的实际上就是为了表达自己的思想、情感、观点和认识,以便别人理解和认同自己。

我国的语言大师吕叔湘就十分认同这一观点,他说,文章是写给读者看的,就得设身处地为读者着想。我写文章总是想到有一位读者就坐在我的旁边看着我写。也只有这样去写作,才能写出读者爱看和喜欢看的作品。

作者要想写好文章,就得先了解文章都分为哪些种类,文种不同,写作要求也不同。因为文章只是个大概念,它包括各种文体的著作和作品。

若按文章的功效分,文章大体包含两类:一类是为了处理公务或个人私务而写的,我们称之为应用文;一类是为了抒发作者情感而写的,我们称之为文学作品。应用文要求全部以事实为基础,不允许想象和虚构;而文学作品却是在基本符合整体真实的基础上必须要加入想象,甚至提倡虚构。若按文章的叙述方式分,文章又分为记叙文、议论文和说明文。当然,若认真分起来,文章的种类远不止这些。但不管怎么分,其写作的目的就只有一个,那就是表达作者的思想或情感,阐述作者的观点和理念。

比如,一个正在吹着风的电风扇,在文学家眼里,它把徐徐的凉风送来,解了人们的酷热,所以,它是人间的送风使者。这是怎样的一种表达呢?诗性的表达!换句话说,也是文学的表达。当然,擅长写散文的用的是散文的语言和表达方式,擅长写诗的用的是诗的语言和表达方式。而小说家呢,可能还会以电扇为介质展开想象和联想,由此而虚构出许多美好而动人的故事。应用文的写法就不一样了,说明文会介绍一下电扇的构造和功能。而新闻又该如何去报道这个电扇呢?新闻讲究的是"狗咬人不是新闻,人咬狗才是新闻",按照这个观点,有关电扇的新闻报道应该产生在电扇刚一研制成功的时候,以往人们都是摇着蒲扇乘凉,自从有了电扇后,把人们的双手解放了,这是一件前人闻所未闻的新鲜事,所以要报道。报告文学又该怎样表达呢?报告文学可能会将这个电扇从工程师有想法,到画出图纸,再到生产出产品来,甚至到后期人们对电扇的评价,以及在研制过程中所遇到的困难等全部过程运用文学的语言详细表达出来。议论文也好表达,那就是提出论点,然后再用相关的论据去论证论点。

而写好文章的关键,我以为在以下几个方面:

首先,在写作之前,作者一定要明确文章的阅读对象是谁,也就是说,这文章是写给谁看的。如果作者在动笔之时对为什么要写这篇文章都不明白,那你可能就不清楚该以怎样的身份与读者对话,更不知道如何才能更好地表达。只有明确了写作对象,才能够做到有的放矢地进行表达,也才能更恰如其分地表达自己的思想,抒发自己的情感。

其次,给写作对象一个准确的定位,有关这个事、这个物或这个人、这个道理等,更适合用哪种文体去进行表达?或者说你想通过什么样的文体去进行表达:诗歌?散文?小说?这是文学的表达,你得用文学的语言去阐述。或者你想用摆事实、讲道理的方法去告诉读者,那就选择写成议论文吧。

那么,写作有没有技巧呢?写作的技巧对于写作来说,重不重要呢？这要看是写什么文体的文章了。应用文的写作是不需要技巧的,但它需要掌握写作的规则,按规则去写事实就好了。而文学作品的写作则是一个宏大的命题,不同的人,有不同的写作方法,技巧的运用也会因个体不同而有异,适合于你的写作方法还真不一定就适合于我,所谓"文章千古事,得失寸心知"说的就是这个道理。

关于文学作品的写作,我谈点自己的粗浅看法:

一是要扬长避短。人不同,写作经历不同,关注点也不同,因此所擅长的写作文体和风格也各不相同。作为作者,一定要扬长避短,摒弃不擅长的,充分发挥自己的特长,这样才能写出好的作品。前文曾经提到,写作之前需要定位,这个定位既需要对写作对象进行定位,同时也要给写作者(自己)一个准确的定位。写作是非常个性化的事情,即使对同一事物,即使是同一主题,作者不同,其表情达意的方式也是不相同的。写作中,一定要体现出自己的个性,即扬己之长,避己之短,写自己熟悉的、得心应手的文体。尺有所短,寸有所长,只有发挥了自己的特长,写出了个性,写出了特点,这样的文章才是读者爱看的好文章。

二是表述要直接,简明扼要,不玩文字游戏。前面有关写作的目的已经阐明了。文章靠的是文字表达,要想做到简单明了,文字的功底一定要扎实,文字表达要准确,如果文字功底不够,不能我手写我口,就很难写出好文章。因此,在写文章的过程中,一定要做到字斟句酌,能用一个字去表达的,决不用两个字,能用一句话表达的决不用两句话,力争做到精准简洁。要有"为吟一个字,捻断数根须"的精神。

三是将自己的真情实感融入作品,做到独树一帜。写作是很个性化的行为,不同的人,即使同一主题、同一体裁,写出的文章也绝不会雷同。但要达到将自己的观点完整地表达出来,就一定要将自己的思想情感融入作品,全身心投入地去写作。许多作者,尤其是初写者,写作时往往处于一种游离状态,不能将自己的思想情感融入作品。的确,要想将自己的思想情感完全融入作品,是比较困难的,而正因为困难,才显得弥足珍贵。

当然,写作是极为个性化的行为,经验更是不可复制,其实写文章也没有什么灵丹妙方,唯有多写多练,多体会多实践,勤思考多总结,才能找出适合自己的写作方法来。

而在此,我想重点强调的是,一定要明白写作的目的是为了表达的需要,一切写作技巧均是为了更好地表达服务的。脱离了写作目的的写作,仅只是文字的一种游戏,那样的作品也许因为人们的新鲜或好奇能赢得读者一时,却赢不得读者一世。文章是要流传的,经得起时间考验的文章才是好文章。《红楼梦》之所以能成为不朽之作,是因为它经受住了时间的考验,至今无人能够超越。

那么,到底写作的技巧需不需要培养呢?如何才能成为一个真正的写作高手呢?

因为自己是从事写作教学的,这问题常常会被人问起。尤其是家里有一两个正在上学的学生,这问题提得就更迫切了。有人还告诉我,比如数学、物理、化学等,总有解决问题的定义、定理等,只要背会,用定理去套就可以了,唯独写作,有时候写作理论掌握了一大堆,而一到真正写作时,仍然是不知如何下笔。

其实,这一切均是由于缺乏实践练习。写作不在于理论知识掌握的多少,而在于实践和禀赋。因有关禀赋也是个有争议的问题,在此就不展开谈了,我们仅说实践的问题。训练学生写作完全可以从娃娃抓起,家长只要注重和孩子交流,引导孩子每天讲一个发生在自己身边、自己感兴趣的故事就可以达到训练写作的目的。讲故事时,一定要让他把记叙文的六要素说出来——时间、地点、人物、事件、原因、结果,或者将议论文的论点和论据说出来。刚开始讲的时候,他或许还说不全,你去引导,等他练习得能说全了,你再教他如何按顺序说,先说什么后说什么,怎样说更易于别人接受和理解,等。这样如果能坚持做下去,持之以恒,孩子作文水平是一定会提高的。随着练习的深入,你再教他将讲述的内容用文字写下来,这就是作文、就是文章了。我心写我口,我口说我思,一切就OK了。

写文章说难也难,说容易也容易,分清种类,有的放矢这点很关键。

听说过白居易的故事吗?唐代大诗人白居易将自己写好的诗词读给谁听呢?读给不识字的老婆婆听,大街上的老婆婆听了以后说好,那就是真正的好。为什么呢?如果连不识字的老人都能听懂,还会有听不懂的人吗?这其中说明一个什么道理呢?说明文章是要写人能读懂的,无论多么高明的表达,如果读者都读不懂,他如何去赞同和理解呢?那岂不是就白写了吗?

没用的文章写不如不写,写了不仅白写,还浪费笔墨纸砚。所以,我还是劝有些玩文字游戏的人省省吧,尤其是那些专门运用这主义那方法,用些大多数人听不懂听不明白的词去唬人的作者,哪凉快你就哪待着吧!

文学是用真诚去爱的

——以《牵着手走》为例

有评论家称,真诚是文学创作的一把定尺。言外之意,衡量一部文学作品的好坏,关键看这部作品是否真诚。只要读者在作品中读出了真诚,那么就是好作品。"以一颗真诚的心写出真实的现实人生,是作家创作成功的前提和关键所在。失去了真诚,文学就失去了生命力与感染力,唯有真诚才能架起作者与读者之间沟通的桥梁。"①

"真诚"一词原本是用来形容人的态度,若用在文学创作中则指作者的创作态度。

《庄子》解释:"真者,精诚之至也。"强调情感必须发自内心,不能伪。强调"强哭者,虽悲不哀;强怒者,虽严不威;强亲者,虽笑不和",意即强装哭泣的人,虽然看着很悲痛,却感觉

---

① 傅晓燕:《真诚定尺下老舍与巴金艺术风格比较浅析》,《名作欣赏》2017年第32期。

不到他内心的哀伤;假装愤怒的人,虽然看着很厉害,却没有威严;假装亲和的人,虽然也面带笑容,但感觉不到他的亲切感。

其实,从古至今,从中到外,许多文学大家都很在意文学作品真诚的问题。明代李贽强调写文章要有童真:"夫童心者,真心也。……夫童心者,绝假纯真,最初一念之本心也。"清代文论家刘熙载:"诗有借色而无真色,虽藻缋,实死灰耳。"巴尔扎克说:"获得全世界闻名的不朽的成功的秘密在于真实。"屠格涅夫也说过:"在你自己的感受方面,需要真实,严酷的真实。"由此可见,真诚对于文学创作是多么的重要。

《牵着手走》是周艳丽创作的一部感悟式的纪实性散文集,2009年由华夏文艺出版社出版。该书共分"了悟世间""品味幸福""收藏心香""牵着手走""至爱亲朋""如烟往事""五味人生""虚拟世界"和"数星星的小女孩"等章节,仅从题名读者也可以看出,这些作品大部分都是来自作者本人的生活记录以及作者对于人生世事的理解和感悟。

"了悟世间"表达的是作者对于一些人生问题的看法,比如在《从窗口看到的……》这篇文章中,讲述了她本人因为心情不好,经常站在自家的窗口看外面的世界,她看到了一对从乡下到城里打工的年轻夫妇,他们生活积极乐观向上,尽管生活在底层,但他们的脸上时常充盈着幸福,而自己是个知识分子,有稳定的工作,有幸福的家庭,却常常感到不幸福。由此引出了作者的一些想法,正像她自己在文章中写的那样:"窗口毕竟就是窗口,由于视线的局限,不可能看到外面的全部。而每个站在窗口往外看生活的人,也不可能看到生活的全部,窗口展示给人们的只能是侧面。如果换一个视角,换一种距离,换一个时段,也许从同一个窗口看到的则是另一种风景。"①

"品味幸福"是写作者对于幸福的感悟;"收藏心香"是写作者自己的爱情生活以及自己对爱的感悟;"牵着手走"写亲情;"至爱亲朋"写友情;"如烟往事"写自己成长中的故事;"五味人生"写他人的人生;而"数星星的小女孩"则是写作者自己的人生。

从整部散文集中,我们不难看出,无论是亲情、爱情,哪怕是师生情、同学谊,皆是作者曾经经历过的真实生活,而从作品的字里行间中,我们也可以看出作者的真实情感。因为是自己的真实情感,作者才写得特别动情,而正因为写得真诚动情,才能打动读者,得到读者的好评。该书出版后,有许多80后、90后甚至00后的年轻朋友和作者建立了联系,遇到解不开的问题总喜欢向作者请教,俨然将作者看成是他们的知心

---

① 周艳丽:《从窗口看到的……》,载《牵着手走》,华艺出版社,2009,第5页。

朋友。究其因,皆因为文中的真诚打动了读者,使读者相信:"具有真实性的品格,其作品才能使读者产生信任感和认同感,读者才能为之所吸引所感动,从而获得思想上的教益与精神上的享受。"①

那么,《牵着手走》是如何将自己的真实生活艺术化,又是如何将自己真实情感融入作品的呢?

写作者最真实的生活

这世界上的人,普通平凡者占绝大多数,伟人少之又少。即使伟人,他也是要过吃喝拉撒睡的日常生活的。世界上的人,谁又能少得了吃喝拉撒睡,谁又能没有七情和六欲呢?作家也是人,普普通通的人,作家与普通人相比所不同的是,普通人过平常的日子,过去也就过去了,不会想着去记录,更不会以此去进行创作。而作家呢,是生活中的有心人,不仅将日常生活记录下来了,并且将日常生活经过提炼后升华了。这种记录如果精彩、写得到位,与读者产生共鸣了,那就是好作品。《牵着手走》里就有很多这方面的内容,像"收藏心香""牵着手走""如烟往事""数星星的小女孩"等,均是作者真实生活

---

① 傅晓燕:《真诚定尺下老舍与巴金艺术风格比较浅析》,《名作欣赏》2017年第32期。

的记录。如"收藏心香"中的《收藏心香》就是写作者自己的感情生活的,写丈夫在自己三十六岁生日时,突然让送花使者给自己送了一束鲜花,这是作者第一次收到鲜花,因此又惊又喜,借助于文字,作者表达了自己的情感和对婚姻爱情的珍爱;《享受灯光》写作者一次远途出差夜里回到家中,看到丈夫还为自己亮着灯的感受:"其实,人这一生,不如意十有八九。不管怎样,在漆黑的夜晚或寒冷的冬天,能有盏明亮的灯为你照着,你能不觉得特别温暖?!"①"如烟往事"写作者自己家庭的遭际,因出身不好,20世纪70年代初作者全家被赶到乡下,原本是教师的父亲不仅不能教书,还要干地里最脏最累别人都不愿意干的农活。作者写道:"到如今,我永远也忘不了,父亲拉着满满一架子车的麦子,去十五里以外的县城义务为乡亲们磨面,恰遇滂沱大雨艰难跋涉的情景;到如今,只要闻到大粪的臭气,我脑海立马就出现了父亲在乡下肩挑粪桶的艰辛;为解决全家老少九口人的生计,父亲走街串巷的叫卖声成了我挥之不去的记忆。"②情真真,意切切,读了忍不住让人落泪。"数星星的小女孩"则是写作者自己的一些成长经历,而"牵着手走"记录的则是作者的亲情。《牵着手走》写作者由

---

① 周艳丽:《享受灯光》,载《牵着手走》,华艺出版社,2009,第112页。
② 周艳丽:《我的父亲母亲》,载《牵着手走》,华艺出版社,2009,第162页。

每天接送儿子上下学,牵着儿子的手过马路而想到的人间真情。写儿子长大后,每次出门,总是牵着自己的手那种幸福感,作者在结尾处写道:"小的时候,孩子的手让父母牵着,父母的手牵着,孩子就觉得特别安全,就觉得一切都无所畏惧,就什么也敢闯什么也敢干;大了的时候,自己的手让自己所爱的人牵着,爱情牵着的手,就觉得特别温暖,什么人情世故,什么冷嘲热讽,什么艰难险阻都能挺过来;人到中年的时候,自己的双手要牵两头,一头是父母,一头是儿女,哪一双都是与你血肉相连的,哪一双你也舍不下,尽管苦点累点,你也必须握得牢牢的。因为,只有两手都牵着,你才能觉得出自己的伟大和不平凡。等到了老年,父母已经撒手人寰,孩子也已长大成人了,你的手就得让孩子牵着了,孩子牵着你的手闯'关东',孩子牵着你的手走世界,你是他的靠山,你是他的支撑,你是他的力量源泉,做父母的不要怕拖累孩子,孩子愿意牵就让孩子牵着吧。正是这些,父子的手、母子的手、夫妻的手、朋友的手、同事的手……牵着,我们的世界,我们的人类,才充满了人性、充满了人情、充满了爱。"① 其实,《牵着手走》整部作品都是在写情——亲情、爱情、友情、师生情等。人就是靠情才在这个世界上活下来的,如果一个人无情无义,那就枉为人

---

① 周艳丽:《牵着手走》,载《牵着手走》,华艺出版社,2009,第137页。

了，人如果不是活在情中，那他活着也就没有多大的意义了。正如作者在《牵着手走》封面上所题的："人活一世，草活一秋，岂不是活个情？人在这个世上走一遭，为的不还是个情？任谁又能超脱得了情？无论是情牵着或牵着情，岂不都是牵着走？"

写作者对生活最真实的感受

人无论名气多大，官职多高，只要生活在现实社会中，总会遇到许许多多不如意的事。遇到不顺心的事，想不开的时候，总要想办法去化解。谁是化解自己内心痛苦的最好医生呢？这是个没有统一答案的问题，人与人不同，性格不同，社会阅历不同，化解的方式肯定不会相同。而对于喜欢写作的人来说，文学创作就是一剂化解痛苦的灵丹妙药。不是吗？在纸质媒介式微的今天，为什么《读者》仍然能卖得那么火呢？当然原因有许多，但最主要的是，《读者》把住了阅读者的"脉搏"了，它知道读者喜欢读什么。你看看《读者》上面的文章，有很大一部分转载的是教人如何做人、如何生活的文章，也就是作者对生活的理解和感悟。《牵着手走》中的"了悟世间""品味幸福"等内容，就属于这一类的。在《品味幸福》一文中，作者强调的是幸福实际没有统一的标准，全靠自己去品味，你自己觉得幸福了就好,幸福与俗人眼中的金钱、地位等全没关系,幸福就是自己的一种体验和感悟。作者在这篇文章的结尾这样写道:"有人说,生活中从来都不缺少幸福,关键是缺少幸福的体验。幸福到底在哪儿呢?长什么样?是什么味道呢?无人能告诉你。盐是咸的,醋是酸的,但咸与咸不同,酸与酸有别,完全要靠自己亲身体验。小猴子看到黑臭烂泥里钻拱的泥鳅,认为泥鳅是世上最不幸的动物;而泥鳅呢?看到树上风吹雨淋的猴子,却认为自己最幸福。按庄子的观点,他们都对也都不对。"①

写作者最真实的情感

人生在世,只要是生活在社会中,总会有喜怒哀乐,作家表达喜怒哀乐的方式往往就是最本真的文学创作,换句话说,文学创作就是作家情感表达的传感器。有的作家将自己的喜怒哀乐化成了小说,有的写成了诗,有的则变成了散文;有的作家看到社会正面的东西多一些,他的作品就多给人一些正能量,而有的作家看到社会负面的东西多一些,写出的文章就激怒或悲愤多些。这只是作家对于生活感受的态度不同,对

---

① 周艳丽:《品味幸福》,载《牵着手走》,华艺出版社,2009,第68页。

生活的理解不同而已,无论是喜还是忧,无论是苦还是悲,作家都是在运用文学方式表达他自己的真实情感呢。

《牵着手走》中的许多文章都是在表达作者的真实情感的,尤其是在"至爱亲朋"一节中,作者为了表达对老师的感激之情,写得情真意切。正如作者在"至爱亲朋"题记中写的那样:"亲爱的读者,你若有机会读到我这些篇章,希望你和我一样,记住:在我成长的道路上,曾经有一些稳稳地扶过我的人……"的确,因为作者永远忘不掉他们,又无以回报,所以才有了"至爱亲朋"这部分内容。像《徐正英老师》的结尾所说的那样:"我是个弱女子,无才也无能,对于老师的知遇之恩,我无以回报,……而我唯一能给予老师的也只有愧疚的心和这些个拙劣的文字了。亲爱的读者,假若我这本集子能得以正式出版,你有机会读到我这篇文章,希望你和我一样,记住:一位在成长的道路上,稳稳地扶过我一把的人,他就是我的老师徐正英。"[1]

就《牵着手走》这部散文集来说,作者从始至终以宣扬正能量为主,以歌颂生活中的真善美为主,为此,曾经也有人质问作者:"难道你是生活在世外桃源中吗?难道你没看到过社会的不公和丑恶吗?你为什么不去写呢?"是啊,不平不公大

---

[1] 周艳丽:《徐正英老师》,载《牵着手走》,华艺出版社,2009,第171页。

家都看到了,难道作者没看到吗?答案肯定是否定的。但为什么不写呢?就像冰心的散文一直致力于"爱的哲学"一样,也正如有人喜欢大海,有人喜欢高山,喜欢大海的人奔海边,喜欢高山的人去森林一样。也或许,作者作为一位女性,愿意用更多的笔墨去发现生活中的美,丑恶与美好相比,作者更倾心于后者吧。

文学是用来表达的,而不是用来做游戏的;文学是用来真诚相待的,而不是用于敷衍人生的。真心希望每一个喜欢文学、爱好文学的人,要像对待你自己的爱人、亲人和朋友一样,用真诚去爱,用真心去爱,爱到地老天荒永不变。

行到水穷处　坐看云起时

——以《印象安阳》为例兼论文化散文的写作

文章开篇首要是厘清两个问题：一、为什么起这样一个标题？二、什么是文化散文？之后再谈文化散文的写作问题。

"行到水穷处，坐看云起时"原本是唐代大诗人王维《终南别业》中的两句，本意是诗人饶有兴趣地观看美景，看入迷了，不知不觉，竟走到流水的尽头，发现无路可走了，于是索性就地坐下来，看那悠闲无心的云在空中飘来飘去，起起落落。

关于文化散文的定义，在学界可以说是仁者见仁，智者见智，而我本人却比较认同如下说法："文化散文是指那种在创作中注重作品的文化含量、往往取材于具有一定历史文化内涵的自然事物和人文景观有关，或通过一些景物人事探究一种历史文化精神的散文。"①对于文化散文的定义可能众说纷

---

① 於可训：《近十年"文化散文"创作评述》，《文艺评论》2003 年第 2 期。

纭,但对于一个人是文化散文的开山鼻祖,却几乎无任何争议。这个人就是余秋雨。作家余秋雨对于文坛的贡献就是他的《文化苦旅》,而《文化苦旅》在中国散文史上的贡献则是出现了一个新名词"文化散文",有评论家称"文化散文"的关键词是余秋雨和《文化苦旅》。"每每提及'文化散文',不仅笔者而及散文界、学界芸芸众生,往往都会不由得抛出一个人和他的一本书,这就是余秋雨与他的《文化苦旅》,人们似乎已经习惯于把'文化散文'与余秋雨紧密地联系在一起。的确,进入新时期以来,'文化散文'的横空出世就始于余秋雨的《文化苦旅》,无疑,余秋雨是新时期'文化散文'的始作俑者已是不争的事实,以《文化苦旅》为代表的'文化散文'的含义、特点以及种种大同小异的表现形式,也早已经为人们所熟悉。"[①]有人称余秋雨的散文刷新了一个彻底平庸和彻底苍白的时代,有人说"《文化苦旅》是一条河系,在星光灿烂的中国散文的天空里,其中的每一颗星星都散发着一种魅力非凡的深不可测的光晕;有人称余秋雨是二十世纪最后一位大师级的散文作家,是开一代散文新风的第一位诗人"[②],不一而足。

---

① 孙仁歌:《"文化散文"还能走多远?》,《写作》2013年第11期。
② 马金喜:《论文化散文及余秋雨》,《安徽警官职业学院学报》2005年第1期。

一

根据有关文化散文的定义论,有一定历史文化内涵的自然事物和人文景观是文化散文创作的重要素材。换句话说,作者要写好文化散文,是不能像写其他文学作品那样,关起门来自己在屋里做文章的,它需要作者走出去,亲近大自然,有观而感。就余秋雨的作品而言,无论是他的《道士塔》《莫高窟》《阳关雪》还是《柳侯祠》等,都是有观而感。

《印象安阳》是作者周艳丽历时近三年,行程近万里,走遍安阳及所辖县区大大小小近百个文物古迹和人文景观后创作出的体验感悟式的散文。

为什么要选这样一个主题呢?

这要从作者工作、生活近三十年的城市安阳说起。

安阳,这座位于河南省最北部的城市,地处南北交通要冲,东接齐鲁,西倚太行,北濒幽燕,南挽中原,自然环境优越,物产丰富,历史文化积淀深厚,被誉为中华民族的文字之根、文化之根、人祖之根。

早在2.5万年前的旧石器晚期,人类就在这里留下了活动的遗迹,创造了著名的"小南海文化";原始社会后期,传说中的颛顼、帝喾也曾经在此定居,至今,内黄仍有颛顼、帝喾陵,被人们称为"二帝陵"。约公元前1300年,商王盘庚率领部族迁徙至殷,历8代12王,共254年。这一时期的商王朝疆域辽阔,国力空前强盛,开创了中国上古史的新纪元。此后,相继有三国时期的曹魏,十六国时期的后赵、冉魏、前燕,北朝时期的东魏、北齐等在此建都。殷都废而邺都起,邺都衰而相州继,相州改而为彰德府,古都文明的薪火,在安阳这片古老的土地上绵延、传承,安阳拥有"七朝古都"的美誉。

殷墟、二帝陵、羑里城、三杨庄遗址、妇好墓、曹操墓、岳飞庙等,这些灿若繁星的古迹,是历史的积淀,也是中华民族的瑰宝;是安阳的深度和厚度,也是滋养安阳历史文化的沃土。甲骨文、易经、二帝陵,被誉为中华民族的文字之根、文化之根和人祖之根,是维系中华民族薪火相传的生命之根。

山雄,石奇,木秀,水灵。天平山、黄华山、洪谷山、柏尖山、龙凤山……林虑山群峰伟岸,峭拔壁险,林木葱郁,飞瀑流泉……这些旖旎秀美的自然景色,使古老的安阳焕发了朝气和青春,充满着勃勃的生机。

"洹水安阳名不虚,三千年前是帝都。"安阳,历史悠久,物华天宝,人杰地灵,不愧为"帝都"称号。这里有2.5万年前的原始人洞穴;有后冈的仰韶、龙山、小屯三层文化叠压的遗址;有"三皇五帝"中二帝的陵墓;有中国最早的文字甲骨文;有世界青铜文明的代表,世界第一大鼎"后母戊鼎";有国家第一座有迹可考的监狱羑里城;有中国的庞贝古城汉代三杨庄遗址;有号称"河朔第一古刹"的灵泉寺和"中国第一华塔"的修定寺塔。不仅如此,这里还有中国最早女将军的墓——妇好墓;有最后一位"皇帝"袁世凯的墓袁林以及新近发现的、破解了千年难解之谜的曹操墓。此外,林虑山国际滑翔基地为"亚洲第一,世界一流";人工天河红旗渠被誉为中国人创造的"世界第八大奇迹"。①

安阳,不是作者出生和成长的地方,却是作者学习、工作和生活的地方,在作者四十多年的人生中,有近三十年都是在安阳度过的。这里有作者的梦想、作者的希望。作者在这里播种,也在这里收获。毫无疑问,安阳,它就是作者的第二故乡!作者为何不为它书上一笔呢?

悠久的历史,灿烂的文明,成了作家取之不尽、用之不竭的创作宝库,作为已经在安阳生活工作了近三十年的人,作者如果不为安阳书上一笔,似乎也对不起这块古老的土地。2009年,春寒料峭的时候,"山水安阳,文化安阳,历史安阳"并称"三阳开泰",在安阳这块古老的大地上"炒"得火热,大街

---

① 周艳丽:《印象安阳》,载《印象安阳》,百花文艺出版社,2012,第3—4页。

上或小巷里,甚至是公交车上到处都是有关这三句话的宣传标语,作者心里明白,政府是要以这三句话为契机好好地打造安阳呢。于是,从2009年的深冬,不!严格来说,应该是从2010年的新年伊始,作者开始了行走安阳。

安阳及所辖县市的大大小小、知名不知名的历史和人文景观有近百处,不管是资料中有记载的还是听说的,只要是能走到的地方,作者几乎全去了也都写了。开始为这部作品起名为《走遍安阳》,后担心真有没走到的地方,就改名为《印象安阳》,也算是"行到水穷处"了。

二

自从有了想写安阳的想法后,作者就开始夜夜睡不着觉,作者想写安阳,要写安阳,却不知道该如何去写?

1. 用心写

这的确是个难题,说实在的,作为一个历史文化名城,书写安阳的书已经出了不少了,名家大家中也有许多人来过安阳、写过安阳。像文化大家余秋雨2006年就来过安阳,并写下了《问卜殷墟》《古道西风》等涉及安阳的文化散文,作为一个无名之辈又该如何再去写安阳呢?写安阳的什么呢?这使作者颇费思量,迟迟不敢动笔。

一次,作者带朋友去安阳的一个著名景区参观,听完讲解员生硬地照搬照抄的讲解后觉得很不过瘾。在讲到甲骨"四堂"的时候,作者问她甲骨文是如何发现的,她竟然一时语塞回答不出来,这让作者又想了许多。再翻翻那些书写安阳的书,大多是一些看似很专业的介绍,很少有生动的叙述,更不含作者的情感,没有一点亲和力,也不接地气。作为游客,作者也经常到各地旅游,每到一个陌生的地方,人们最想了解的就是一些常识性的,而不是很专业很深奥的专业知识,而恰恰是这一点不能得到满足。作者想:"我何不站在一个导游的角度,权当一回安阳的形象大使,将自己对安阳最真实的感受介绍给大家呢?"

有了这个想法后,作者就开始一个景点一个景点地搜集资料,先从资料中了解安阳。当时,安阳旅游局曾经制作了一个点读机,把安阳所有的文物景点用图和声音两种形式简单明了地介绍了。作者先在点读机的引导下,从资料中了解安阳。立时,作者就被安阳历史文化的厚重和博大精深吸引了,决定顺着点读机的指引开始实地考察安阳。去考察景点之前,作者先查阅资料,将与这个景点相关的知识了解深、了解透,做到有的放矢。之后,才到景点实地考察。而每到一个景点,除听讲解员讲解外,作者还要走访了解这个景点背景的老人或知情者,和他们做深入的交流,也会提一些问题,请他们来回答,尽量挖掘出这景点背后鲜为人知的故事。比如去考察位于安阳县磊口乡清凉山村的唐塔时,许多故事像"命根水救贵妇""无蚁山上真无蚁"等,均是和守塔人赵德华深谈后才听说的,像这样的资料也是第一次公布于世。像"练鞭石"的传说,是听在灵泉寺守护吴云青法师的老大爷说的。那天,因为和老大爷聊得比较酣,热情的老人执意要把作者送出院门外,而正是在院门外,才见到了那块已经被劈开的石头,老人又说了有关练鞭石的传说。而这些亦真亦幻的故事恰恰是普通读者想或愿意了解的,至于说专业性较强的一些东西,或者学术性的术语和数字,因不是一般游客关注或要了解的重点,作者能淡化就淡化了。写三杨庄汉代村落遗址时,作者对这方面的感悟更深些。作者去三杨庄汉代村落遗址参观时,见到的就是一个大方坑,坑里有些碎瓦片,听讲解员介绍的也是一些专业性很强的知识,有许多知识甚至连作者自己都弄不明白,作者该如何下笔呢?回来好长时间,作者都不知道该如何写、怎么写读者才更感兴趣。既然无从下笔,作者就索性不写,一直在查找有关三杨庄汉代村落遗址的资料,见有一篇报道提到庞贝古城,立时,作者茅塞顿开,庞贝古城是许多人都了解和熟悉的,它位于亚平宁半岛上,是古罗马时,被活火山瞬间埋藏的一座城市,而三杨庄汉代村落遗址则因位于黄河故道,是被风沙和黄河水淹埋的一个村庄,二者有相似的地方,若从这个角度着手写,岂不是使读者更容易接受和理解?三杨庄汉代村落遗址的作用不就突显出来了吗?于是,就有了《印象安阳》中《三杨庄汉代村落遗址,中国的庞贝古城》那篇文章。

内黄的朋友第一次带我去参观三杨庄汉代村落遗址,我是不大感兴趣的。说是汉代的,导游指给我们看的也只是一片被挖掘得七零八落的基址,这眼水井是汉代的,那儿的水塘是汉代老百姓用于灌溉的,这是历史上最早的厕所……这些意味着什么呢?不懂考古的巢儿,一点也没看出三杨庄汉代遗址的意义和价值在哪儿。

当然,站在考古的角度,三杨庄汉代遗址的确意义重大,但中国从事考古或钟情于考证的人毕竟是少数,大部分参观者多如巢儿一样,只观光猎奇,无意于考古或发掘。以一个门外汉的眼光,站在一个普通人的角度,巢儿这支笔对于您了解三杨庄汉代遗址能提供点什么呢?

专家说,三杨庄汉代遗址的消失与庞贝古城有些相似,权且我们就从庞贝古城说起吧。①

---

① 周艳丽:《三杨庄汉代村落遗址,中国的庞贝古城》,载《印象安阳》,百花文艺出版社,2012,第152页。

殷墟是世界物质文化遗产,这早已经成为事实了。但有人曾经当面对作者说起过,安阳人真能造势,把一片田地硬是申报成世界文化遗产了。果真是这样的吗?果真是安阳把没的说成有的了吗?申报世界文化遗产时,殷墟地面上的确没有太多的东西,为什么就申遗成功了呢?作为在安阳生活了几十年的人,作者要找出充分的理由和证据来论证殷墟在世界历史中的价值和地位。还有,作者也经常会带朋友去参观殷墟,作者如何介绍,朋友才能更好地了解殷墟呢?殷墟在中国历史中的地位到底怎样呢?这些就成为作者要写殷墟的原因。殷墟的意义到底在哪里呢?就在于它的王气和霸气。于是作者就给这篇文章的题目定为《殷墟的王气与霸气》。文章开头这样写:

曾经有不太了解殷墟的外地朋友当面问过我,既然是商朝的都城,为什么不把曾经红火的都城称为"殷都",而叫"殷墟"呢?

有关"墟",我也很认真地查过字典。墟:原来很多人居住过而现在已经荒废了的地方。这就对了,作为商朝的都城,殷(在安阳市西北部小屯村一带)这个地方的确曾经十分繁华昌盛过,有许多人居住。后来,随着商王朝的灭亡,已经荒废了,可不就该叫"墟"。留在殷地的墟,可不就该叫"殷墟"。

接着就又问,既然已经成为"墟"了,为何还要申遗呢?为何就成功了呢?

"在国际上被承认、没有任何争议的、中国最早的文明时代就是商代。殷墟不是一座简单的建筑物,它是一座都城。都城意味着什么呢?意味着一个国家的政治、经济、军事、文化和礼仪中心!它是一个王国的缩影!

从1928年考古发掘开始,在殷墟先后发现了110多座商代宫殿宗庙建筑基址、12座王陵大墓、洹北商城遗址、2500多座祭祀坑和众多的族邑聚落遗址、家族墓地群、手工业作坊遗址、甲骨窖穴等,出土了数量惊人的甲骨文、青铜器、玉器、陶器、骨器等精美文物,全面、系统地展现出3300年前中国商代都城的风貌。"

以上这段文字,是我从相关资料中找到的,它是殷墟在中国历史上地位的佐证,而要想真正感受殷墟的王气和霸气,还得从头说起。

殷墟到底意味着什么呢?若不是专门考古的专家,还真不一定能全面理解它。和大多数普通人一样,对于殷墟我自始至终是一知半解,也曾经很自豪地对外地朋友夸耀过,也曾经很认真地查找过,毕竟是个外行,对于殷墟我仍还不能算全面了解。去过殷墟无数次,听过介绍无数遍,仍然很难走进殷墟的核心。殷墟,这个曾经的都城,一个早已荒废了的遗址,为何仍能得到世界的钟情呢?①

随后,作者又用浓墨和重彩,从"一片甲骨惊天下""世界上独一无二的后母戊鼎""无与伦比的古都城遗址"三个方面向世人展示了殷墟的王气和霸气。

像有些景点,从正面介绍它们的布局等已经没有新意了,作者就挖掘它们背后的故事。比如袁世凯的墓在安阳,安阳人俗称袁坟或袁林。这本身没有更多可介绍的,因为有许多人已经介绍过了,那作者就挖掘其背后的故事。其实,袁世凯之所以将安阳选择为最后的安息地,那是有原因的。其一,他曾经在这里住过,并且还建有洹上村;其二,他当时已经无法回他老家埋葬。因此,在《印象安阳》中有关袁世凯的介绍,作者写了两篇文章——《寻觅那个曾经的洹上村》《尴尴尬尬说袁君》,既交代了他钟情安阳的原因,也透露了他有家不能回的无奈,从侧面书写了袁世凯与安阳的情缘。

其实,看中洹上村,袁世凯是另有隐情的。

其一,洹水是茵蕴殷商文明的母亲河,数千年的川流不息滋养了一个强盛繁华的殷商民族。它是华夏之根,是中华民

---

① 周艳丽:《殷墟的王气与霸气》,载《印象安阳》,百花文艺出版社,2012,第15—16页。

族的发祥地,因是王土,极聚王气。

其二,安阳曾经是袁世凯的远祖袁绍的发祥地,内里袁世凯认为,安阳就是袁氏子子孙孙的洪福之地,自然也是他袁世凯的一块吉祥宝地。

其三,安阳位于当时河南与直隶交界处,紧邻京汉铁路,交通方便,离京城也近,是个进可以攻、退可以守的战略要地。

无论是天时、地利还是人和,洹上村都应是袁世凯定居安阳的不二选择。中国人自古就十分注重家园的打造,出行千年,叶落归根,家就是那个根。家是大后方,家是归宿地。生于河南项城,戎马一生的袁世凯,有家却不能回,只得把自己的休养归宿地放在了安阳的洹上村。[①]

至于说袁坟是个什么样,如果读者感兴趣,到那一看就明白了,根本不用作者多费笔墨。像这种写法的文章还有许多,比如《曹氏家族的身后事》《甲骨文背后的那些事》《青霞啊,青霞!》等篇章都是从一个侧面写起,从而衬托景点。怕读者阅读不方便,在写这些景点之前,作者还专门配了图片和介绍性的文字,让读者既能一目了然地了解景点,又能通过作者的叙述对景点背后的许多事有更进一步的认识,可谓是双管齐下。

---

① 周艳丽:《寻觅那个曾经的洹上村》,载《印象安阳》,百花文艺出版社,2012,第36—37页。

2. 用情写

写作是需要情感的,任何写作都是要融入作者的喜怒哀乐的,只有融入了情感,写出的文章才能有质感、温度和可读度。作者写作的最主要目的就是表达自己的真实情感,以情动人是作者写作的最主要目标。前面已经说了,安阳不是作者出生的地方,却是作者工作、生活、学习的地方,正像作者在《印象安阳》一文中说的那样:

> 若认真论起来,我还不能算是一位地道的安阳人,查我家八代祖宗似乎都与安阳无关。只是在安阳生活的时间长了,喝着洹河水,吃着安阳饭,慢慢地,我的骨髓里也渗进了安阳的血液。是啊,一方水土养一方人,日积月累,安阳的扁粉菜和粉浆饭也成了我的最爱。不仅如此,若有外乡好友来访,我也定会以主人翁的身份向他们推荐。渐渐地,我的安阳味越来越浓了,浓得化都化不开。这时,谁还能说、谁还敢说我不是安阳的一员?[①]

初来安阳时,作者并不喜欢这座城市,但因为生活的时间长了,慢慢地就对它产生了感情,而当作者准备动笔写安阳的

---

① 周艳丽:《印象安阳》,载《印象安阳》,百花文艺出版社,2012,第2页。

时候，对安阳已经有着很深的情和爱了。而在作者行走安阳的过程中，不仅看到了安阳光鲜亮丽的一面，同时也看到了它不够漂亮甚至有点丑陋的一面。面对作者生活过的安阳，到底该如何刻画呢？作者有点为难了。作者说："我是一位作家，作家的责任和天职告诉我，既不能夸大其词，也不能抹黑安阳，我希望通过我的笔把一个秀美的安阳、有情感有温度的安阳介绍出来，让读者看了我写的文章后，本地的读者更加热爱安阳，外地的读者产生来安阳一游的冲动。我当时就告诫自己：一定要把握好一个度，这个度过了或不到都不行。"①作者清楚地记得，去考察水冶珍珠泉是 2010 年的 4 月 27 日，再有三天就是五一黄金周了。网上有关珍珠泉的资料把珍珠泉说得特别美，几乎是人间仙境。因作者曾经多次去过珍珠泉，留在脑海里的印象也是很美的。谁知，实地一看，却远不是那么回事，泉水干枯，树木萧条，尤其出乎作者的意料，致使作者不知该如何下笔了。

从珍珠泉回来，作者久久不能平静，照书上描写的去写吗？那不是真实的珍珠泉。将作者看到的珍珠泉写出来吗？又有损珍珠泉的形象。应该说，在安阳历史上，珍珠泉是很特殊的存在，安阳人经常说的古时八景之一的"柏门珠沼"说的

---

① 安阳电视台采访周艳丽有关《印象安阳》写作的经历时，周艳丽所说的一段话。

就是珍珠泉,而这也是安阳古八景中唯一还存在的景致。如果珍珠泉无水了,"柏门珠沼"不在了,那安阳的八景就彻底从人们的视线中消失了。深谙安阳历史的作者想起这些,很心疼,出于作家的良知,作者就写了《那记忆中的珍珠泉》,把珍珠泉昔日的美好和如今的现状全部告诉了读者,同时也提醒人们,要保护好珍珠泉。

因为没了泉水,珍珠泉公园里显得格外冷清。泉池边只有一对年轻的父子在玩耍,父亲三十多岁手里捧了本书,儿子骑个童车绕着柏树在一圈圈地转。父亲说,这种泉水见底的情况,他长这么大也是第一次见。

"柏门珠沼"是安阳古八景中很主要的一景,也是唯一尚存的景观,如今却是柏门还在,珠沼却没了,没有珍珠泉水的滋润,柏树也显得了无生机。脑子里突然就想起了那首赞美柏树的诗句来:"传闻华岳倚云门,商柏周槐铁石根,此树一奇成一户,居然无佛处称尊。"我担心珠沼没了的柏门还能独自称尊吗?

从珍珠泉出来,心情很沉重。最近走访安阳及周边的名胜发现,昔日的许多美景变成了今日吸引游人的名片,或刻在碑石上的介绍,在现实中根本就不存在了。突然想起文化名人余秋雨在《阳关雪》里的一段感慨:"人们来寻景,更来寻诗。

这些诗,他们在孩提时代就能背诵。孩子们的想象,诚恳而逼真。因此,这些城,这些楼,这些寺,早在心头自行搭建。待到年长,当他们刚刚意识到有足够脚力的时候,也就给自己负上了一笔沉重的宿债,焦渴地企盼着对诗境实地的踏访。为童年,为历史,为许多无法言传的原因。有时候,这种焦渴,简直就像对失落的故乡的寻找,对离散的亲人的查访。"

是啊,关键是我们当下人,对于安阳的许多名胜,一定要想办法留下来,留住人们美好的记忆。莫让那些怀着"对失落的故乡的寻找,对离散的亲人的查访"焦渴而来的人们,怀着希望来带着失望归。来就要让他们找回故乡的感觉和离散亲人团聚的惊喜。让名片成为名副其实的名气,而不是写在纸上的"片子"。①

安阳的景点越走越多,对它们的感情也是越走越深。而有些景点因为保护不力,被破坏了,与作者从资料中了解到的一点也不一样,对于这样的景点作者该如何去写呢?直接将这些景点的不堪写出来吗?似乎与作者想宣传安阳,让更多的人了解安阳的初衷不符。不实事求是,一味地说这些景点的好吗?作为一名作家,作者良心上又过不去。并且作者真

---

① 周艳丽:《那记忆中的珍珠泉》,载《印象安阳》,百花文艺出版社,2012,第71—72页。

心地希望,通过自己的书写使政府部门能重视起来,尤其是引起相关领导的重视,把景点很好地保护起来。特别是每到一处景点,每采访到这个景点的知情人,他们都对作者寄予很大的希望,希望通过作者的书写,能对这个景点的状况有所改善,能引起政府部门的关注,这就更增加了作者的责任感。所以,每次写作之前,作者总是反复思虑,不仅仅是在写作技巧上润色,更多的是考虑如何写才能引起人们的重视。作者希望通过自己的笔,既告诉读者一个真实的景观,又能引起政府部门对这一景观存在的问题的高度重视。

在内黄亳城乡刘次范村有处商朝时候一个君王太戊的陵墓,也称商中宗陵,作者从文字资料中了解到这是一处很美的景点,是古代内黄最著名的十二景中的一景:"'商陵烟云',陵寝所遗,享祀弗绝,古庙丰碑,烟霏雨湿,古柏森森,碑碣林立,霭霭古风,腾腾王气。"而到当地一看,却十分失望,除了一块残缺不全的宋代石碑外,什么也没有。

这个景点该如何去写呢?思虑再三,作者觉得不能再像有些文章那样写一些场面上的话语误导读者了。作者要把真实的商中宗陵告诉读者。这样,既不会误导读者,也能引起政府相关部门的保护意识。正是抱着这种想法,作者写了《断想,商中宗陵》,将作者自己真实感受到的商中宗陵告诉了读者:

到了，到了！终于到了刘次范——这个原本名不见经传却因为商中宗陵而红遍大江南北的小村庄，终于见到了商中宗陵。

一个满目萧条的院落，除那个孤单地立于前庭的"大宋新修商帝中宗庙碑"外，就剩七零八落的石条了。商王陵在哪儿呢？拜殿又在何处？甬道东的太戊陵？甬道西的嫔妃墓又在哪里？院落的东部是有个土包，莫非它就是商王陵？在急切的找寻中，拾柴大嫂告诉我，那土包是新近才堆起来的。

站在古老的太戊陵遗址前，面对铺天盖地的黄沙、残垣断壁和七零八落的碑碣，我渐渐明白，而今的商王陵远远没有想象中那么体面和堂皇了，昔日的盛大和荣光已经抵不住岁月的剥蚀和风沙的湮没，失去了王气和神圣的庄重了。怀旧的风吹过太戊陵遗址，透出几分虚无的缥缈、空旷和寂寥。这里既看不到"商陵烟云"葱郁的古松和翠柏，也没有了"规模宏大，布局奇特，前区为陵墓区，后区为祭祀区，中间甬道为中轴线，直通拜殿，甬道东为太戊陵，西为嫔妃墓"的分明，庞大宏伟的墓冢群也已经烟消云散了，更没有"历代王朝祭祀不绝"的喧嚣。

一条窄窄的甬道尽头是几间临时搭建起来的小庙，那是否就是传说中所谓的拜殿了呢？庙宇因无人看管显得十分落寞，连普通庙宇的香火缭绕也不在了。甬道两旁的短松和小柏能否跟得上华辇逝去的脚步?新兴的建筑是否也将掩埋在历史前进的辙痕里?我不知道,所有的一切,都显得那么苍凉和急促……

碑碣倒有许多,但许多碑文已漫漶不可辨识。只有那通宋太祖开宝七年(974)所立的"太宗新修商帝中宗庙碑"高高耸立着,向今人证明着这里曾经的历史古老。这通高7.2米,宽1.6米,厚0.59米,由翰林梁同翰撰写的碑有铭有序,雕刻精湛,字迹清晰,笔法变化多端,妙趣横生,刀工娴熟,笔力坚凝,堪称一绝。陵园中还有的十多块螭首趺龟(石碑龟座)安详地注视着游人,它那坚实的体魄、无怨的负重或让人不解,或令人感叹,抑或传送的仍是殷商时习习的遗风。

此刻,我和朋友一行站在这片曾经波闪着无限荣光和商代繁荣的遗址上,凝视着黄沙覆掩下太戊陵的苍白与简陋,思绪的闸门不停地被历史的厚重撞击着,带我进入商中宗的中兴盛世。①

在对商中宗这位历史上的明君所做的一些功绩回忆后,作者又写道:

---

① 周艳丽:《断想,商中宗陵》,载《印象安阳》,百花文艺出版社,2012,第157—158页。

作为现代人,踏上这片黄沙漫漫的古老土地时,除了寻访历史厚重的陈迹外,一切都不再重要了。

我在想,太戊陵的碑碣是否在诉说着一个遥遥的久远记忆呢?太多太多的历史融进了自然,被中原的黄沙黄土黄风吹散了,甚至触摸不到一个具象的真切,只有缥缈的或忧郁的意象了。

也许曾经吸引了无数崇敬和虔诚的目光,诱惑着无数观瞻膜拜的脚步。而今,年复一年的风沙还是渐渐地湮没了它的辙迹。尽管如此,历史的年轮却没有停滞,复苏之风鼓吹着商王朝不熄的光焰,推动着历史车轮轰轰烈烈地向前行进。流传在内黄人心里的太戊,始终是一位敢于抗争和积极进取的帝王,他曾使一度衰微的商王朝重新崛起,成就了王者霸业,并依托这片土地开创了商朝中兴的历史局面。在太戊之后,商朝的第十三代王河亶甲又把都城建在这里。①

三

《印象安阳》是 2012 年由百花文艺出版社出版发行的,初

---

① 周艳丽:《断想,商中宗陵》,载《印象安阳》,百花文艺出版社,2012,第 159 页。

版印数为6000册,2015年就销售一空,2016年又重印了3000册。《印象安阳》一经出版,在社会上就引起了广泛的关注和好评。河南省人民政府网、安阳市人民政府网、大河网、安阳论坛、安阳日报社、安阳广播电视台等多家新闻媒体和网站都做了报道,并给予了充分的肯定;《殷都学刊》《安阳日报》《安阳广播电视报》等多家报刊上还刊发了多位专家学者对于《印象安阳》的评论文章,著名散文家王剑冰称,这是一本可以放在旅行包里的好书。

该书获全国优秀社会科学普及作品奖(河南省仅5名);第六届河南省社会科学普及优秀作品特等奖第一名(全省共10名);2015年10月3日,在全国知名的微信公众平台"豫记"上,《印象安阳》与阎连科、刘震云、李佩甫、李洱、梁鸿等全国著名作家的作品一起被推荐为"十本书读懂河南"之一;其中,《印象安阳》中的一些篇章还被《安阳广播电视报》《安阳晚报》等多家纸质媒体刊用,个别篇章被选为安阳市高中期末考试的范文;此外,该书还作为安阳市政府的礼品书被赠送到美国等多个国家。

回想《印象安阳》之所以能取得如此的成绩,其中最主要的原因是作者对此书的用情专一,对待《印象安阳》的采访和写作,就像对待作者久久仰慕的爱人一样,做到"用心丈量,用情书写",把对它的爱和怨一股脑儿地全部说出来,作者觉得唯有如此，才能显得她的真情和诚意。在安阳及所辖县区共7000多平方公里的土地上，全部的文物景点只要是听说了，只要是能够走到的，无论是在繁华的城市还是在偏远的农村，甚至深山老林里，作者均走到了。不仅是文物景点，就连各地的特色小吃，作者都要跑到当地亲自尝一尝，然后再写自己的感受，决不拾人牙慧，不用别人的感受或体验，她要写的是一部真真切切的体验式散文。每到一处景点，作者都尽量追根溯源查找它的历史出处，尽量做到证据翔实可靠。不仅如此，在写作的时候，作者还力争将自己的真实感受写出来，希望能引起读者的共鸣，或者能引起政府部门的重视，对改善文物景点的现状尽量献策献力。正如在《印象安阳》这篇文章结尾所写：

每每，当我在安阳的"九府十八巷七十二胡同"中穿行时，耳畔总能响起那些个，大禹治水、盘庚迁殷、妇好请缨、文王演易、信陵窃符救赵、苏秦拜相、西门豹治邺、岳母刺字等故事。从古至今，在几千年的流传中，哪里还是故事？分明它就是一种精神，一种文化，一种传承。

说是要走遍安阳，也只不过是巢儿的一种志向。巢儿目力所及，脚步所到，不一定就是安阳的全部，巢儿笔下所写的也不是全部的安阳，它仅是安阳的几个斑点。千万别小看了这几个斑点,若通过它们,能看清安阳,看懂安阳,看透安阳,有事半功倍之效,那是巢儿最大的愿望。

　　古韵今风和鸣,是巢儿的心愿,也应该是所有安阳人民的心愿。①

　　写作这篇文章时,距《印象安阳》的第一次出版已经过去6年了。曾经有人对作者说,在书写安阳的作品中,《印象安阳》至今仍然独占鳌头。也许它史料不是最全的,甚至有的地方还有谬误,但这丝毫不影响人们对《印象安阳》的喜爱。因为,这是一部十分接地气十分有亲和力的书,娓娓道来的语言中,怀揣着作者对安阳浓浓的真爱和深情,这爱这情是任何一部作品都无法比的,读者跟着作者的情走,跟着作者的爱而喜欢和爱戴安阳。这是许多作品做不到的,这大概也是目前许多作品无法超越《印象安阳》这部作品的原因吧。

---

　　①　周艳丽:《印象安阳》,载《印象安阳》,百花文艺出版社,2012,第4—5页。

文学的报告

——以长篇报告文学《中国棉》为例谈报告文学写作

什么是报告文学呢?

所谓报告文学,就是运用文学艺术的手法,真实、及时地再现社会生活中的人和事的一种文学体裁。而报告文学所运用的文学艺术手法指的是运用文学的语言,真实地再现人物或事件中生动的情节和典型的细节,以达到烘托氛围、渲染事件、刻画人物等目的,使其更具有感染力和说服力。

顾名思义,报告文学有两性,一是报告性,二是文学性。

下面就按笔者自己理解的报告文学,说一说报告文学的这两性。

所谓报告性,按笔者的理解就是新闻性。但你一定要记住,笔者所理解的报告文学的新闻性与一般意义上理解新闻报道的新闻性是不完全相同的。所谓新闻的新闻性,即将新闻事件叙述出来即可,重点强调的是一个"新"字;而报告文学的新闻性重点强调的则是形象性,它要求把事件发生的环境、经过和人物所思所想所做等叙述都要做到生动形象的再现,使读者如同亲身经历,感同身受,并且在作者生动形象的描写中,使读者了解到作者所要表达的思想和意图,从而使读者和作者形成共鸣。此外,笔者所说的报告文学的新闻性除了具有真实性、及时性外,还有社会性。这三性就构成了报告文学的报告性。

先说真实性,报告文学必须是真实的,和新闻报道一样,来不得半点虚假,这点是毋庸置疑的。报告文学的魅力在哪儿呢?人们为什么喜欢报告文学呢?就是因为它具有真实性,它是历史的一面镜子,是历史的一种真实记录。若干年后,当一切都随风而去了,所发生的事件也已经变成一粒尘埃,隐没于历史之中了。等到那时,历史靠什么去见证呢?靠文字记录,这种文学记录就有报告文学!(当然,见证历史的方法有许多种,报告文学只是其中的一种。)因此,报告文学是来不得半点虚假的,如果报告文学失去了真实性,人们还读它作甚!不如去读小说更惊险刺激。但报告文学的真实,又不同于新闻报道的真实。新闻报道的真实是一定要尊重客观事实,尊重事实的本来面目,有什么就是什么,不能制造假新闻。并且新闻报道的真实就是摆事实,是不允许作者站出来说话,作者如果站出来说话,就有"拉票贿选"之嫌,那可是新闻的大忌哟。报告文学则不同,它可以把筐里的菜拿出来挑挑拣拣,允许作者挑拣最新鲜、最好吃的奉献给读者,这个挑拣的过程其实就是作者把自己的主观意识糅合进去的过程。笔者的意思是说,读者吃什么样的菜,自己说了不算,得由作者说了算。报告文学真实性的整体性特点是指作家在创作时,主要着眼点应放在对事物的整体真实的把握上。局部的真实的材料是为整体的真实服务的,但是,即使所有的局部材料都是真实的,也不等于由这些局部材料所"重构"的整体是真实的。反之,我们强调报告文学真实的整体性,并不是说可以不重视局部材料的真实,局部的真实是整体真实的基础,整体的真实是局部真实的反映。即可以有"合乎逻辑的想象",但并不能虚构细节或进行主观臆测。

像中国所有的行政机关单位一样,中国农业科学院棉花研究所(简称中棉所)在研究棉花领域是唯一的国家级科研单位。作为一个单位,在近60年的发展历程中肯定发生过许许多多的事情,作为长篇报告文学,《中国棉》[①]这部著作到底该写什么呢?哪些需要详写哪些需要略写呢?这些都是问题。一个历经几代人的努力建立起来的国家单位,仅院士级的人

---

① 周艳丽:《中国棉》,郑州大学出版社,2017。

物前后就出了两位,这在许多单位是很少见的,一位是冯泽芳①,另一位是喻树迅②。冯泽芳是中棉所的第一任所长,并且于1959年在中棉所非正常死亡,你说有料没有料?若仅按他这一条线索写下去,写成一部长篇巨著也是没任何问题的;还有喻树迅,能成为中国工程院院士,那也应该有许多非常人所能比的作为,也是可以成书的。《中国棉》这部作品中,到底谁是真正的主角?是其中几个人还是整个中棉所这个集体?经过反复思虑,最后作者决定还是写一组群像。还有,要全面反映中棉所60年的科研成就。不可否认,培育新品种是整个中棉所的核心工作,但并不是唯一的工作,像区域实验、棉花南繁、种子质检等在新中国的棉花事业发展中作用也很突出,在中棉所的四个一等奖中,其中一个就是区域实验所获得的。这样的内容要不要写?采访时,作为素材,作者全部都装进篮筐里了。中棉所的人大都有吃苦耐劳、默默奉献的精神,可以说,每一个故事都可以独立成章,任何一个拿出来写,都能惊天地泣鬼神,但这些都要详细写吗?一筐子菜全部都端给读者吗?当然不行了。反复思考,几易其稿,最终,作者还是选

---

① 冯泽芳(1899—1959),男,浙江义乌人。农学家,农业教育家,学部委员,中棉所第一任所长,中国现代棉作科学的主要奠基人。
② 喻树迅(1953—#),男,湖北麻城人。著名棉花遗传育种专家,中国工程院院士,博士生导师,曾任中棉所所长。

择了以中棉所的育种为基础,以中棉所60年所形成的"艰苦奋斗、甘于奉献、勤于实践、勇于创新"的中棉所精神为主线。这是中棉所的精髓,是中棉所人的魂魄,是中棉所取得一切成绩的根本和保障。无论是哪一项工作或者哪一个人做的哪些事,只要是与育种有关的就详写,与育种无关的就略写或不写,一个育种家在培育新品种的过程中,有些事与中棉所精神结合得比较紧,就写进去,有些事距中棉所精神较远就放弃。这样一定位,选择的路径就有了,与此有关的写,与此无关的舍。还有一点,即使表现这种精神,也不能只写口号式的精神,是需要用具体事例去填充的。该选择怎样的事例呢?中棉所从第一批来安阳的张方域、张雄伟、蒋国柱、蔡荣芳等普通研究人员,到中棉所第一批领导如冯泽芳、李庆、胡竟良等,再到如今的领导喻树迅、李付广等,还有袁有禄、杜雄明、严根土等科研人员,人员有上千个,所做的工作有千千万,难道全部写进去吗?当然也不能,这就需要找根本,找关键,找核心。说一千道一万,中棉所的核心工作就一个,那就是育种,其他一切均是为育种服务的。所以,要反映中棉所精神,就只能从培育种子的人或事中选材料。这样的标准一定,写中棉所就容易多了。以中棉所精神为经,以棉花种子的培育历程为纬,有关《中国棉》这篇大文章就"织"出来了。

再说及时性。此及时,非彼及时也。也就是说,报告文学的及时性和新闻报道的及时性也是不完全相同的。新闻报道的及时性,表现在时间的紧迫上,从时间定量上来说,那叫一个紧急。当时发生的事情,当时就得报道出去,否则新闻就变成旧闻了,这是其一。其二,还得是第一时间报道出去。新闻事件就只有一个,而关注这一事件的新闻的媒体却有许多,特别是在现如今自媒体十分发达的时代,如何才能做到第一呢?那就只剩下"抢"了。就因为这,新闻界有个术语,新闻不叫写新闻,而叫抢新闻。而报告文学也讲究及时性,它所要求的及时性就不像新闻报道那样急切、急迫,相对于新闻报道来说,报告文学的弹性似乎更大,它只要能反映一个时代的声音那也就算是及时了,不过分强调争分夺秒。报告文学的题材大多是读者关注的"热点",触及的是读者的"兴奋点",由此引起社会的共振。即使是某些历史题材,也是立足于现实,立足于社会现实所关注的,具有一定的新闻价值。回想一下,成功引起轰动的报告文学作品,总是跟生活的节奏相合拍,以新闻价值和审美价值相统一为前提的。徐迟所写的《哥德巴赫猜想》也是当时要召开全国科学大会,要树立和宣传科学研究的典型,才有了陈景润这么一位废寝忘食的科学家形象。报告文学及时关注社会现实,反映社会现实也成为它区别于其他纪实作品如革命回忆录、人物传记、自传体小说、纪实小说等的最主要的一个特点。举例说明,安阳地处豫北,是河南最北部的一座古城,20世纪七八十年代,这里工业门类齐全,轻工业、重工业都十分发达,无论是轻工业还是重工业都出现了许多在国内甚至世界上都能叫得响的一线品牌,像安阳的飞鹰自行车、锻压设备等,当时安阳的工业发展在全国都是排在前面的。那时安阳的GDP始终排在河南省的前列,除了郑州和洛阳外,就数安阳了。但不知道为什么,随着改革开放的深入,随着市场经济的发展,安阳的工业犹如秋风扫落叶一般,一个个都倒闭了。这是一种现象,这种现象大致经历了近30年,而在这近30年的跨度里,什么时候写算及时呢?我以为今天写就比较及时,今天再不去写,那就要真正的失时了。无论怎样,这段历史就应该记录下来,即使失败了,失败的原因也需要总结,给历史一个记录,给后人一个交代。如果现在还不去写,那些安阳近30年历史的见证者就全部逝去了,到那时再想写,恐怕找材料也难了。所以,从这个角度说,现在写就是及时的。

中棉所是我国唯一的专门研究棉花的国家级研究机构,在新中国棉花事业发展中每一个关键节点都起过扛鼎的作用,这是一种经历,经历是个长期的过程。什么时候写正当时呢?也就是说什么时候写才算及时呢?在习总书记大力提倡科技创新、自主创新的今天,将作为科技创新典型的中棉所的事迹写出来就最及时也最当时。所以,2014年,在农业部、科技部联合发出向中棉所学习的号召时,安阳市委宣传部组织人员写《中国棉》是很及时的。

三说社会性。所谓报告文学的社会性,我的理解就是作家的社会责任感在报告文学作品中的体现。有三方面内容:

其一,报告文学作家要高度关注社会,与时代同呼吸共命运。站在时代的前沿,传递时代的声音。看看社会关注什么,把社会关注度高的热点、难点问题,把人民群众想知道、想了解的问题写出来,表现出一位有责任感的报告文学作家对社会的担当。以《中国棉》为例,《中国棉》是写中国棉花发展历程的,似乎棉花在目前的社会中已经成为明日黄花,人们对它的关注度已经不在了,曾经也有人在《中国棉》评奖时提出了这种观点。对此,笔者是不敢苟同的。回顾中国几千年来发展的历史,棉花自宋朝传入中国后,它在中国人的生活中一直起着举足轻重的作用,历朝历代的统治者对于棉花从未敢掉以轻心过,因为,穿衣吃饭始终都是社会稳定的基石,老百姓只有有饭吃了、有衣服穿了,才能安定下来。不错,社会前进至今天,随着科学技术的进步,单一棉花在穿衣中的作用在逐渐式微,可替代的物品也在日益增多,但人们也不要忘记了,棉花是一切的基础,如果连基础都没有了,那岂不是本末倒置了吗?如果是无源之水、无本之木,即使发展又能坚持多久呢?更何况棉花在新中国历史的发展中,也曾经起过巨大的作用,即使从记录历史角度来看,我们也应该在此浓墨重彩书写上一笔。话又说回来,即使棉花像人们想象的那样已经过时了,但棉花研究所所形成的精神并不过时。中棉所云集着我们中国棉花界的大佬和专家,20世纪50年代末,作为新中国成立后最宝贵的专业技术人员,棉花界的"三元",有"二元"曾经在中棉所工作过,他们只听党一声召唤,就携妻带儿千里迢迢从首都北京赶到河南安阳偏僻的农村;他们白手起家,在棉花地里建起自己的实验室,扎下根来一心一意为中国的棉花发展做贡献,不为名不图利,为新中国的棉花发展,他们献完青春献子孙。20世纪90年代,中国棉田大面积暴发了棉铃虫,几乎是一夜间,把中国的棉花吃了个精光。不错,美国人是及时地送来了抗虫棉,但他们不是为了支援,而是为了卡住中国人的脖子,"狮子大张口"向中国人要钱。中棉所人在物质和科研条件都不具备的条件下,凭着一颗爱国心,不顾一切,自己培育出抗虫棉,将美国的抗虫棉从中国的棉田里赶了出去。这种替国家分忧、以天下为己任的爱国担当精神难道不正是我们目前社会所需要的吗?这难道不是社会价值吗?

其二,报告文学作家在所写作品中要有鲜明的政治倾向、社会价值判断和爱憎分明的感情色彩。作者传达给读者什么样的价值判断和审美尺度,通过读作品读者是能够感受出来的。《中国棉》所传达给读者的就是我国的棉花专家"艰苦奋斗、甘于奉献、勤于实践、勇于创新"的精神,所选人物、所写事件全部与此相关,不仅如此,在《中国棉》的尾声部分作者还大声疾呼:

像大自然有崇山峻岭一样,人类也有自己的高峰,只有那些勇于承担人类使命,担负社会责任的英雄圣哲,才能走到峰巅。他们是史怀哲,是爱因斯坦,是居里夫人,也是冯泽芳们!

与那些科学巨人相比,我们活在当下的人真该感到惭愧。我们"理直气壮"地讲利己,若有人讲利人就被斥为虚伪;我们"赤裸裸"地讲崇拜物质,若有人讲精神追求就被斥为虚伪;我们"高谈阔论"地讲现实,若有人谈理想就被斥为虚伪,任意解构英雄,践踏崇高,似乎不这样就不足以显示我们的"时尚"和"高大"。

也许像我们这些凡夫俗子,原本就是吃五谷杂粮的普通人,不具备科学家的情怀,至少我们也应该心向往之,脱脱俗气吧?

文天祥临终的绝笔遗言是:"孔曰成仁,孟曰取义,唯其义尽,所以仁至,读圣贤书,所学何事?而今而后,庶几无愧!"

这是中国知识分子的风骨,无论历史跨越多少代,社会发展多少年,作为知识分子的我们,每个人都应该铭记、深思。

也许我们做不了文天祥，不妨就学学冯泽芳他们吧!①

其三，作家的社会责任感还表现在对报告文学作品真实的重构上。文学创作中有这样一种现象，现实生活中有很多典型人物，尽管他们都有着各自的鲜明个性和特点，不同程度地体现了社会和时代的要求，但仅真实地将他们的语言和行动记录下来，尽管符合了客观的真实性，但并不能反映出时代的精神和风貌。而此时，往往需要报告文学作家的再加工，作家根据自己的判断将自己对生活的感受、体验、认识、希冀和追求，注入典型人物的生命、血液和灵魂里。因此，作家必须要将真实的局部材料进行合乎逻辑的重构，以构造出带有作家主体意识的整体的真实。作家要以高屋建瓴之势，对作品中的典型人物的心灵所涉及的民族、社会、历史、文化、心理、个性等诸方面的因素进行多角度、多层面的全景式的分析与观照，以逼近生活的本质，直达人物灵魂深处。

有关报告文学的文学性，这又是一个宏大的命题，鉴于篇幅所限，我就不再展开谈了。下面只谈一点粗浅的看法，以求达到该文的完整性。

所谓文学性，是指报告文学的表达方式。一个人，一件

---

① 周艳丽:《中国棉》，郑州大学出版社，2017，第388页。

事,一段情感,一种思想,一个观念,等等,要运用报告文学的方式去表达,如何才能表达得更准确更完整呢?这就需要运用文学的表达方式了。

所谓报告文学的表达方式,就是运用文学的方法将真实的事情呈献给读者。运用报告文学这种形式表达作者的所思所想所感所悟。报告文学与小说的不同就在于,小说也是运用文学的方法表达,但它可以虚构,可以塑造形象,可以编造故事;而报告文学却不能,报告文学不能虚构形象,不能编造故事,报告文学必须写真实的事实。但报告文学的真实性允许用文学的手段和方法去表达。什么赋、比、兴等修辞手法都可以用。此外,小说的手段、散文的叙事、诗歌的抒情等有关文学表达的十八般武艺,报告文学全部都可以拿来用,这是报告文学的优势和长处,也是它的魅力所在。

报告文学实际上就是文学的报告或者报告的文学。与其他文体比起来,它既具有文学作品所无法达到的真实性,同时也具有比新闻报道更优雅的文学性,在各种文体中,似乎报告文学"长"得更俊靓、更出众,更值得人去爱、去倾注感情。

这就是笔者所理解的报告文学!你如何理解呢?

论报告文学的宏大叙事

——以长篇报告文学《粮食,粮食》等为例

一、有关宏大叙事的文学命名

这里有两个与文学相关的概念需要解释,一是叙事,一是宏大叙事。文学上的所谓叙事,简单地说就是指文学作品的一种讲述方式,也可以理解为对故事的描述。在由童庆炳主编的《文艺理论》教程中是这样描绘叙事的:"用话语虚构社会生活事件的过程。"①文学叙事就是在文学创作中对人或事重构或再现的方法或手段。以《粮食,粮食》为例,这部著作就是对稻、黍、稷、麦、菽等粮食作物几千年发展历史的重构或再现。当然,这个重构或再现也不是作者的无稽之谈,而是以历

---

① 童庆炳主编:《文学理论教程》,高等教育出版社,2016,第256页。

史为依据总结出来的。翻开这部著作,随处都可以看到以历史为事实依据的例子。比如我们经常吃的五种粮食,即我们上面提到"稻、黍、稷、麦、菽",也被人们称之为五谷。这五谷到底是怎么来的?人们对于五谷的理解有哪些不同?作者就采用了以历史事实作依据的方法进行陈述。"《周礼·天官·疾医》有云:'以五味、五谷、五药养其病。'郑玄注:'五谷,麻、黍、稷、麦、豆也。'《孟子·滕文公上》中有'树艺五谷,五谷熟而民人育'的表述,赵岐注:'五谷谓稻、黍、稷、麦、菽也。'"①而文中提到的《周礼·天官·疾医》《孟子·滕文公上》以及文章中出现的郑玄和赵岐的注就是作者的历史依据支撑。对于五谷的解释,作者是从《周礼·天官·疾医》《孟子·滕文公上》这两篇文章中得来的。不仅如此,作者还将这两篇文章中对五谷不同的注释也罗列了出来,以方便人们更全面地认识和了解五谷。这就是一种写作方式或手段。

而关于宏大叙事这一概念的提出,则是法国的哲学家、思想家利奥塔。他认为任何一个时代都存在某些占主导地位的叙事,他"从质疑知识的'合法化'引出对'元话语'或'大叙事''启蒙叙事'的批判。在他看来,尽管'用科学自身的标准衡量,大部分叙事其实只是寓言',但为了'使自己的游戏规则合

---

① 何弘、尚伟民:《粮食,粮食》,大象出版社,2021,第 12 页。

法化',无论科学('我们便用"现代"一词指称这种依靠元话语使自身合法化的科学')、社会体制('这些体制也需要使自身合法化')、正义、真理('正义同真理一样,也在依靠大叙事')都必须'制造出关于自身地位的合法化话语',这种话语就是元话语。"①而美国历史学家阿伦·麦吉尔则将宏大叙事定义为一种完整叙事:"宏大叙事从本质上来看是一种整齐、完善的叙述,它包罗万象、无所不含。它首先具有主题性、目的性、连贯性和统一性等特征。"②

由此可知,最早宏大叙事并不是文学研究领域的一个概念,而是文艺理论家从历史学中引进来的。在文艺理论批评中广泛应用和经常讨论的"宏大叙事",是个外来词,它的英文字母为 Grand Narrative,有人将它译为"宏大叙事",也有人将它译为"大叙事"或"元叙事"。

细思,文学叙事也是历史叙事方法的一种延伸,即用文学的手段或方法再现历史。由此推断,宏大叙事用于文学也是自然而然、顺理成章的。自古中国人就十分讲究文以载道,主张文学干预社会,甚至起到推动社会的作用。而那些能够起到干预甚至推动社会作用的鸿篇巨制就是宏大叙事。笔者认

---

① 解葳:《论宏大叙事如何重构》,《理论探索·当代文坛》2013 年第 2 期。

② 赵越:《对宏大叙事创造性消解与多元重建——〈伊甸之东〉叙事范式研究》,硕士学位论文,青岛大学,2019,第 7 页。

为,文学中的宏大叙事就是作者结合时代特点,为反映国家和人民的心声,在创作中所运用的讲述方式。宏大叙事在文学作品中应该表现为结构的宏大、理论的完整、叙述的全面等,主题具有很强的普适性,是大多数人都在关心或关注的问题。在《粮食,粮食》这部长篇报告文学的开篇,作者题记引用的是习近平总书记的一句话:"'洪范八政,食为政首。'解决好吃饭问题始终是治国理政的头等大事。"① 由此看来,粮食问题是我们国家从上到下都十分关心的问题,特别是在目前全世界正处于疫情之中,再加上战争,没有哪个问题会比粮食问题更能引起大多数人关注的了,因为,粮食问题与所有人都息息相关,密不可分。所谓"家中有粮,心里不慌"说的就是这个道理。

二、对报告文学《粮食,粮食》宏大叙事的解读

长篇报告文学《粮食,粮食》是由长期在河南生活和工作过的作家何弘、尚伟民历时五年,遍访河南多个地方而写成的以粮食为主题的鸿篇巨制。从整体构架上看,该书以"全球粮食形势作为大背景,把中国粮食发展作为叙事主体,把河南当

---

① 何弘、尚伟民:《粮食,粮食》,大象出版社,2021,第 6 页。

作中国的一个'切片',进而选取全国第一小麦大县滑县,优质小麦典型延津县、淮滨县、全国第一花生大县正阳县、全国第一芝麻大县平舆等几个更小的'切片',以故事、细节、人物来表现党和国家的宏观政策和行动,进行具体化、形象化的文学加工"①。

1. 报告文学作者在宏大叙事中的责任和担当

我国著名的报告文学作家何建明就曾经说过:"及时书写当下生活中标志性的历史和重大事件,是报告文学作家为后人研究当代史提供史料的义不容辞的责任。如果我们不去及时记录,随着当事人逐渐退出历史舞台,乃至离开这个世界,有很多重要的历史细节可能就会被永远遗忘。"②正是有了这种责任感,有了这种担当的意识,报告文学作家才能够结合社会的发展,叙写人民关注和关心的国家大事件。

粮食问题,一直都是党和国家最关心的问题之一。每年中央的一号文件要解决的问题,多数情况下都是与农业或粮食相关的问题,将涉农问题定为一号文件,也是党和国家对农业问题高度重视的一个具体体现。党的十八大以来,党中央

---

① 何弘:《〈粮食,粮食〉从河南"切片"到全国》,《文学视界》,https://mp.pdnews.cn/Pc/ArtInfoApi/article?id=27595053.

② 王冰云、何建明:《宏大叙事与中国故事的书写——何建明访谈录》,《写作》2020年第2期。

更是把粮食安全作为治国理政的头等大事。正如作者在前言中所写:"搞好粮食生产,是决胜全面建成小康社会的基本保障;保障粮食安全,是实现中华民族伟大复兴坚实根基。从这个意义上讲,以文学的方式反映粮食生产问题,是文学工作者为决胜全面小康、为实现中华民族伟大复兴的中国梦进行的具体实践和文学承担。"①

何弘在《文学视界》上发表的《〈粮食,粮食〉从河南"切片"到全国》中就坦言:"我与尚伟民都是'60后',我们人生经历的前20年,'放开肚皮吃'一直都是奢望。也正因此,我们才能认识到,中国实现全面小康,消除绝对贫困,使全体中国人都能吃饱饭穿暖衣,是一项多么伟大的工程。实现第二个百年奋斗目标,建设社会主义现代化国家,实现中华民族伟大复兴,同样必须以保障粮食安全为基础。特别是面对百年未有之大变局,在西方对我极限施压的背景下,我们更要深刻理解要把饭碗牢牢端在自己手里的意义,理解乡村振兴的重要性。河南被称作'天下粮仓',长期肩负着扛稳国家粮食安全的重任,近年又完成了向'国人厨房'的转变,为维护国家粮食安全做出了重大贡献。作为出身河南的写作者,我们有责任以河

---

① 何弘、尚伟民:《粮食,粮食》,大象出版社,2021,第7—8页。

南为样本,以文学的方式全面反映我国的粮食问题。"①这就是作者铁肩担道义的国家情怀。这种情怀在这部作品的《前言》和《后记》中也得到了充分的印证。毋庸置疑,随着近年来战争频仍和新冠肺炎疫情的发生,全人类都在关注一个问题,那就是粮食安全的问题。中国作为一个人口大国,粮食更是人民生命安全的有力保障,历来都受到党和各级政府的重视。在《粮食,粮食》的《前言》里,作者就引用了习近平总书记在2013年12月23日中央农村工作会议上的讲话:"'洪范八政,食为政首。'我国是个人口众多的大国,解决好吃饭问题始终是治国理政的头等大事……因此,我首先要特别强调一下确保国家粮食安全问题。……总体看,我国粮食安全基础仍不稳固,粮食安全形势依然严峻,什么时候都不能轻言粮食过关了。在粮食问题上不能侥幸、不能折腾,一旦出了大问题,多少年都会被动,到那时谁也救不了我们。我们的饭碗必须牢牢端在自己手里,粮食安全的主动权必须牢牢掌控在自己手中。……我们的饭碗应该主要装中国粮。"②

2. 站位高远,结构宏大

应该说,作者之所以选择粮食这一主题来下笔,跟习近平

---

① 何弘:《〈粮食,粮食〉从河南"切片"到全国》,《文学视界》,https://mp.pdnews.cn/Pc/ArtInfoApi/article?id=27595053。

② 何弘、尚伟民:《粮食,粮食》,大象出版社,2021,第6页。

总书记在中央农村工作会议上的讲话有很大的关系。首先作者能够站在政治的高度去理解粮食问题。正如作者在《后记》结尾处所说:"对于一个超14亿人口的大国,吃饭就是天,只有保证人民吃饱吃好,全面建成小康社会才能落地。因此,无论是当前还是未来,保障国家粮食安全是一个永恒的课题,任何时候这根弦都不能松。"①这就是一位作家的政治担当和政治责任,作家的责任心和情怀正是在这其中得到了体现。

与其他专业从事文学创作的作家有所不同,何弘多年来一直以文艺理论研究为主,长期从事文学评论工作的他深谙创作之道。强调写作应该"对时代的问题和人类的生存体验进行有深度的表达。写作关乎的是精神信仰问题,要追究到终极的问题上去,要对人的生命安立提供自己的帮助"②。正是基于这样的考虑,《粮食,粮食》创作的基调是"从国家粮食安全的高度着眼,以粮食进化历史、生产历史与人类发展的关系,中国各时期粮食政策、与粮食相关的重大事件为背景,以我国粮食核心区建设、生产技术进步、粮食生产取得的辉煌成就为主线,从粮食问题出发,基于个人经验、溯及民族记忆,立足河南、放眼全国,立足当下、着眼未来,居安思危,力图在对河南从'天下粮仓'到'国人厨房'转变的描写中,促使大家牢

---

① 何弘、尚伟民:《粮食,粮食》,大象出版社,2021,第472页。
② 何弘:《我们为什么写作》,《河南日报》2022年3月24日。

记粮食安全的重要性,深刻理解我国在国家治理体系和治理能力现代化方面的巨大进步,彰显中国特色社会主义制度的优越性,从而更加坚定道路自信、理论自信、制度自信、文化自信,为中华民族的伟大复兴贡献自己的力量。"①

  翻开这部共计约43万字的巨著,仅从它的谋篇布局来看,读者就能体会出作者站位的高远、意义的深刻和结构的宏大。一部成功的文学作品,不仅仅表现在它的选题、内容和文字表达上,同时,也表现在它的结构安排上。先写什么,再写什么,什么内容放在开始,什么内容最后表达,甚至包括每一章,每一节的标题叫什么,怎么安排,作者都是要反复考虑的。要达到读者拿到作品,不用看里面的内容,仅从章节结构的安排就能看出作者所要表达的中心主题是什么。不妨,我们看看《粮食,粮食》的章节安排吧。

  在人们惯常的习惯中,对于吃什么怎么吃是很讲究的,而对于粮食的来源,粮食作物的种植等却很少有人去深入了解。至于说粮食的发展历史,从古走到今,到底发生了怎样的变化、这变化对于今天的人们有什么样的意义和影响等问题,更少有人去探究。既然要写以吃为主的粮食,那就要了解粮食的发展历史。于是,作者就从"古人吃什么"开始写,也就是从

---

① 何弘:《我们为什么写作》,《河南日报》2022年3月24日。

粮食的起源谈起。在这一部分内容中,作者详细介绍了古人以吃什么粮食为主,由此还写了各种粮食的做法、吃法等,甚至连一些民俗和习惯都涉及了,不谓不全面;"饥荒无情"则是以历史为依据,向人们述说粮食在人类历史的发展中所起的重要作用,进一步强调粮食对于人类的重要性;"一个新中国家庭的粮食记忆"是由面到点,写了新中国成立七十多年中,粮食给一个普通中国家庭所带来的变化,这一章节的内容也是作者在多种场合谈到的粮食背景下的一个小"切片"。由此,充分说明,人类的发展史,实际就是一部人类如何提高粮食生产水平的历史。"粮食生产运动""国家战略""粮食的供给侧改革"这三章是作者站在国家层面,解读我们国家粮食发展的道路,以及为助力粮食发展党和国家所做出的努力。同时也阐述了党和国家所制定的大政方针对粮食生产所产生的影响和所取得的成就。当然,粮食生产要想稳健发展,仅靠国家政策是不够的。原本粮食的生产就是一个很长的产业链,种子、科技是这个链条上十分重要的环节。所以,接下来,作者又写了"种子的力量""科技之光"等章节,重点突出科技在粮食发展中的重要作用和意义。笔者认为,"中原奇迹"这章内容,作为我们国家农业发展的典型和代表,若放在"科技之光"之后,似乎更能呼应有面有点,点面结合的章节安排,相对于整部作品来说,也更符合写作的逻辑顺序。当然,这仅只是笔者的一孔之见,有待与作者沟通商榷。而最后一章"从'吃得饱'到'吃得好'"则是以粮食为主的农业所要达到的终极目标,也是未来农业所要发展的方向。当然,要想由"吃得饱"变成"吃得好",自然就少不了除粮食以外的菜篮子和果盘子。在这一章节中,作者都涉及了。

3. 将史料和文学的有机统一,增加作品的可读性

应该说,在我们国家,以粮食为主题的著作,《粮食,粮食》并不是第一部。远的不说,进入21世纪后,仅报告文学创作,就有陈启文的长篇报告文学《共和国粮食报告》、任林举的长篇报告文学《粮道》等,此外还有许多从专业角度写小麦、玉米和水稻等的著作。在这种情况下,《粮食,粮食》要想写得耳目一新,让读者眼前一亮,的确是件很不容易的事。为此,《粮食,粮食》的作者是下过一番功夫的。"在具体内容的表述上,我们尽可能将知识性与趣味性结合起来,以免内容枯燥单调。比如我们从大家经常挂在嘴边的'五谷'开始,让大家了解老祖宗说的'五谷'到底是什么,'五谷'与我们的民族究竟是个什么关系。'小麦不小'这一节,我们从在全国第一产量大县——滑县的一次现场采访开始,引出全球小麦生产、消费概况,再介绍小麦的起源、引种情况,特别是小麦成为主食的变化情况,以及小麦从'粒食'到'粉食'过程中的大量'冷知识',包括唐宋以前流传的'面毒说',像唐代名医孙思邈等言之凿

凿称小麦面粉有毒,宋人认为面吃多了会上火、长疮、肿腮帮子、肠胃功能紊乱等。对于中国人曾大量食用的玉米、红薯等,我们介绍了其传入中国并不太长的历史,其中穿插了一些生动的故事,让大家理解新的农作物的引入对社会结构产生的深远影响。"①

史料往往是些枯燥的数字或客观真实的记录,缺乏生动性和文学色彩,如何能在叙写宏大历史题材的报告文学中,将枯燥的数字表达得更生动形象、诙谐有趣,让人喜读愿看,达到文学与史料相统一,这一直以来都是报告文学作者追求的效果和要突破的难题,这个过程在写这类报告文学作品中最容易出现败笔。当然这一问题也并不是《粮食,粮食》的作者初次遇到,和大多数作者一样,何弘他们也意识到了这一问题:"《粮食,粮食》创作之初,我们为作品确定的基调就是突出文学性、趣味性、可读性,写出时代感、历史感、厚重感,成为文史兼备的史志性报告文学。这就要求我们必须融入历史文化,把粮食与社会、历史、个人的关系体现出来。但具体创作过程中我们发现,真正做到这一点,并不是一件容易的事。"②

一部长篇文学作品,字数至少也在十几万以上,要求处处有彩,也并非易事。笔者认为,若能做到有一些地方让人耳目

---

① 何弘:《让历史告诉未来》,《河南工人日报》2022年3月16日。
② 同上。

一新,也就很不错了。因为人的审美观点不同,对于作品的要求也各不相同,正像"金无足赤,人无完人"一样,一部作品也不可能让所有读者,处处都感到满意,尤其是像《粮食,粮食》这部长达40多万字的作品更是如此。相对于同类作品来说,《粮食,粮食》这部报告文学写作是成功的。作品一出版,就引起了文学评论界的广泛关注,一些文艺评论者对其进行了散点式的评论,而这些评论就是这部作品中的精华或闪光点的总结。当然,一部优秀作品的闪光点也并不是只有一处,限于篇幅,笔者就不一一解读了。而笔者重点要表达的则是《粮食,粮食》能够将枯燥的数字写活泛,将死的史料写得生动有趣,将史料和文学结合起来,让读者眼前一亮,是这部作品的一大特点。当然这样的表达有许多处,限于篇幅,笔者也不一一列举了。仅从作品的标题中我们也能略知一二,如《小麦不小》《麦哥麦姐》《米弟米妹》《土豆这等"薯辈"》等拟人化手法的运用,给原本只是人们口中的一种吃食,增加了很多的情趣;再比如《粮食生产运动》这一章的小标题——"从'不足温饱'到'吃饱吃好'""从'南粮北调'到'北粮南运'""从'戈壁荒漠'到'绿洲良田'""从'北大荒'到'北大仓'",这些对仗名字的运用,应该也是作者匠心独运反复推敲的结果,比起那些平铺直叙的直白表达,更多了文学的情趣和味道。

三、以粮食为主题的报告文学宏大叙事

粮食问题是一个关乎着整个世界、整个人类甚至是全球性的大问题。它已经不是哪个国家哪个民族的事,而是全人类的事。而中国自古就把粮食看得很重,所谓"民以食为天"说的就是这个道理。而有关以粮食为主题的文学表达,绝对是一个符合宏大叙事要求的大命题。

从笔者目前所掌握的资料看,真正涉及这一宏大叙事主题的著作有很多。比如,美籍学者威廉·恩道尔所著的《粮食危机》(中国民主法制制出版社2016年出版)。这是一部从政治的角度入手,分析粮食在政治中的重要意义和作用的著作。威廉·恩道尔认为,粮食在政治家的眼中就是一个控制人类的工具,在政治家看来,控制住了粮食实际上就控制住了整个世界和人类。因为,控制住了世界上的粮食,实际上就是控制住了人类的物质基础。威廉·恩道尔告诫我们,目前有少数的人正在通过控制粮食来达到控制世界甚至整个人类的目的。这些人正在围绕粮食策划着一场大的阴谋。在这部著作中,作者详细分析了这部分人是如何一步步在控制粮食的,还揭示了这些人为达目的所采取的方法和手段等。"这些手段包括,开动宣传机器,把人类流行了几千年的耕作习惯和耕作

方式,诬蔑为落后的生产方式;隐瞒转基因种子严重的不良后果,大规模推广未经严格检验的转基因作物;发明不育种子,让农民播种的农作物'断子绝孙',从而不得不年复一年地向他们'买种'耕作。这是何等的阴险。"①国内的同类作品则是由茅于轼、赵农所著《中国粮食安全靠什么——计划还是市场》(知识产权出版社 2011 年出版)。该书从经济学角度综合分析得出:粮食问题并不等同于粮食安全问题。并指出,我们国家历来都是十分重视粮食的,目前经过政府的引导,社会的积累,我国粮食比较殷实,他主张粮食参与国际贸易,用收放自如的粮食政策,抵抗粮食危机。

令人欣喜的是,最近围绕粮食这一宏大主题,国内又出现了一批优秀著作。有生动鲜活讲述中国粮食故事的《读懂中国粮食》(李文明著,人民日报出版社 2022 年出版)、《中国人的饭碗》(杨建国著,中国财经经济出版社 2020 年出版)和曾经写过《共和国粮食报告》的作家陈启文写的《中国饭碗》(黑龙江教育出版社 2022 年出版)等;有以居安思危,如何把握粮食安全主动权这主题的,如《中国粮食安全战略与对策》(王宏广著,中信出版社 2020 年出版)、《中国粮食产后损失研究》(赵霞著,中国农业出版社 2021 年出版)等;还有从专业角度

---

① 威廉·恩道尔:《粮食危机:利用转基因粮食谋取世界霸权》,https://baike.so.com/doc/1361954－1439763.html.

全面系统介绍粮食安全的,如《城市化进程中的粮食体系研究》(中国农业出版社2021年出版)、《粮食质量安全学》(科学出版社2020年出版)等。限于篇幅,在此不一一展开介绍。而本文只从文学的角度,以陈启文的《共和国粮食报告》、任林举的《粮道》和何弘、尚伟民的《粮食,粮食》为例,谈一谈以粮食为主题的报告文学该如何创作,从中悟出一些以宏大叙事为主题的报告文学创作之道。

1. 由资深作家挂帅,宏大叙事主题能够得到更好的表达

笔者在此要强调说明的是,宏大叙事主题并不是只能由资深作家去写,而是说资深作家创作经验更丰富,能更好地把握全局。而作为本文研究对象的三部长篇报告文学:陈启文的《共和国粮食报告》(2009年由湘潭大学出版社出版),任林举的《粮道》(2011年由吉林人民出版社出版)和何弘、尚伟民合著的《粮食,粮食》(2021年由大象出版社出版),应该说这三部作品皆出自资深作家之手,只是各有侧重,平分秋色。

从360百科搜索可知,写作《共和国粮食报告》的陈启文为中国作家协会全国委员会委员、中国作协报告文学委员会委员,国家一级作家。主要著作有长篇小说《河床》《梦城》《江州义门》,散文随笔集《漂泊与岸》《孤独的行者》,长篇报告文学《共和国粮食报告》《大河上下》《袁隆平的世界》等20余部,

多篇作品被翻译为英、法、德、俄、朝等文字在海外出版。曾获国家图书奖、老舍散文奖、郭沫若散文奖、徐迟报告文学奖、《中国作家》报告文学奖、毛泽东文学奖、林语堂文学奖、《小说选刊》双年奖、《北京文学》双年奖、全国电视纪录片一等奖、中国新闻奖、广东省鲁迅文艺奖等，2015年被国家水利部授予"水利文学创作特别贡献者"荣誉称号，2017年获"第三届广东省中青年德艺双馨作家"称号。而《粮道》的作者任林举是中国作家协会会员、中国电力作协副主席、中国报告文学学会理事、中国散文学会会员、第5届鲁迅文学院高级评论家、第28届作家班学员、吉林省作家协会全委委员、长春作家协会理事。《粮道》获第六届鲁迅文学奖报告文学奖、第十三届精神文明建设"五个一工程"优秀作品奖、长白山文艺奖、君子兰文艺奖。据笔者了解，陈启文和任林举也是新近换届的全国报告文学学会的副会长。《粮食，粮食》的第一作者何弘为中国作协全国委员会委员、中国作协网络文学中心主任；长期从事文艺评论及文艺理论研究方面的工作，撰写有大量理论文章和评论；著有《生存的革命》《探险者》《我看》《超越还是重复》和长篇报告文学《命脉》等；主编有《走在重振雄风的路上——改革开放30年的河南文艺》《坚守与突破——中原作家群论坛》《中原之星文库》等；主持完成《图说河南文学史》《经典河南》等；曾获第三、四、五届河南省文学艺术优秀成果奖,第二、三届河南省文学奖,首届杜甫文学奖,河南省"五个一工程"奖,中国文联文艺评论奖等;曾任包括茅盾文学奖、鲁迅文学奖等在内的多种重要文学奖项的评委,是河南省宣传文化系统首批"四个一批"人才、河南省学术技术带头人、河南省优秀专家。

2. 共同的关注,不同的表达

要论证反映同一主题的三部著作有何异同,最好的办法是选取这三部著作中共同关注的一个话题,在同一主题下,看他们各自的表达。不妨我们就以书写粮食的未来发展、粮食安全这一主题为例。

先说陈启文的《共和国粮食报告》。陈启文在"跨越时空的透视"这一章中,对于未来中国粮食的发展进行了阐述。这一章共分三个小节,第一节:"地球人都懂得的道理";第二节"东莞:非推广模式";第三节:"跨越时空的透视"。在整个一章中,作者都在阐明一个道理,那就是粮食的安全问题是个全球性的问题,是整个世界未来都在关注的问题。作者简要分析了我国粮食发展所走过的道路,以及在不同阶段上至高层领导、粮食专家等为推动粮食发展所做出的努力。接着他用整整一节的内容介绍了广东东莞,这个在南方曾经是以生产粮食为主的农业市,如何变成吃粮靠外援的。事实上,像东莞这样的城市在南方具有一定的代表性,因为南方的许多城市就是这样走过来的。值得一提的是,作者却反复强调东莞的模式是非推广模式。那笔者不禁要问,东莞的模式既然是非推广模式,而推广的模式又是什么呢?作者并没在书中交代。

而在写作技巧上,《共和国粮食报告》采用的是以事实说话,从写最普通的人和事入手,以事实例证为论据,摆事实,讲道理,整部作品中充满了生动鲜活的事例,再加上作者原本是写小说出身,讲起故事来更能打动人。在这部著作中最能打动人、写得最生动鲜活的就是人物,尤其是小人物。文中除了写像国家主席、总理、省委书记和水稻专家等大人物外,还写了许许多多的小人物。有学者这样评论:"最能打动人心的反倒是作者从历史的夹缝中,从不起眼的村落中,从泥土的缝隙中打捞出来的那些草芥小农,国家的每一次变革,每一项政策的调整都结结实实地翻转了他们的命运。诸如亲历了一次次饥饿与死亡的信阳光山县农民王仕俊,执拗地自认为'工人阶级'的老汉马明山,几经生死的谷花洲农民陈先喜,还有当年因修太平口而断掉手臂的农民女工谭银翠,用生命的代价修建红旗渠的白发老人,以及小岗村的农民严俊昌,北大荒的第一代拓荒者老兵团战士李茂贵,等等。这些被淹没在大历史深处的小人物,他们的人生历程,他们的命运,由他们口中讲述的人生苦乐,真切而又详尽地再现了时代的变迁。"①

再说任林举的《粮道》,正如第六届鲁迅文学奖对于《粮道》颁奖词所说:"《粮道》从哲学、文化、伦理、政治、历史、人类学和生态学等各个角度切入,进行纵深开掘,以散文化的笔法,融叙事、抒情、沉思于一炉,表现了粮食与天道、世道、人道,与国家兴衰和民族未来的关系,主题关乎民生之根本,具有鲜明的现实针对性。文字隽永精警,结构匠心独运,文化意蕴流溢期间,是报告文学写作'去模式化'的重要收获。"②

这是一部创作方法十分独特的报告文学。如果说陈启文和何弘算是站在粮食中写粮食,那任林举的《粮道》则是跳出粮食写粮食,站在粮食之上写粮食。难怪有评论家称《共和国粮食报告》是用脚走出来的文字,而《粮道》则是有思想的粮食。《粮道》是在用人们不常用的哲理眼光去观察体悟粮食,写出了以吃粮食为主的人与粮食的各种关系,这点从《粮道》章节的安排上也可看出。全书共八章,将粮食与大道、粮食与人性、粮食与命运、粮食与文化、粮食与伦理、粮食与兴衰、粮食与安全和粮食与未来等关系分析得淋漓尽致。可以说,作者将人与粮食的关系一网打尽。报告文学如此写,在之前很

---

① 王桂妹:《当"文学"遇到"粮食"》,《华夏文化论坛》,2014 年第 2 期。

② 任林举:《粮道》,吉林人民出版社,2011,封三。

少见,所以给人耳目一新的感觉。笔者认为这也是这部作品能连连获奖的重要原因。

《粮道》中有关粮食未来的问题也是放在了该书的最后一章"真实或不真实的现实与梦境——粮食与未来"中,作者分别以"大国小农""破'茧'的隐痛""土地的新主人""未来之路"等为小标题,讲述了我国粮食安全问题以及未来的发展之路。值得一提的是,这一章的题记作者安排的是一首诗:"昨天的路/以及今天的路/已经重叠/如重叠的时光/迅速穿过/一棵树与另一棵树/对望的视线/在山的转角处/未来/露出它羞涩的尾鳍/一条前途未卜的鱼/从看不见的起点/游向海/无限的深远"①不仅如此,在这一章的开篇,作者详细地描写了徐二喜所做的一个梦。作为农民的徐二喜在梦中丢了自己的家园,于是梦中的徐二喜到处找自己的家,为此,还找到了城里,最终徐二喜也没有找到自己的家。通过这个梦,作者说:"他的梦是当下中国许许多多农民的现实,是这种现实的映射。"②题记的诗和徐二喜所做的梦,都是作者有关粮食未来的一种文学表达。

而新近出版的《粮食,粮食》则是从历史的角度去叙写粮食的,应该说《粮食,粮食》以粮食为红线,穿起了一部中国粮

---

① 任林举:《粮道》,吉林人民出版社,2011,第 260 页。
② 任林举:《粮道》,吉林人民出版社,2011,第 264 页。

食的发展历史。文章开篇第一章就是"古人吃什么",换句话说,古时候的粮食都有哪些?于是,远古时候的一粒粮、一颗粟鱼贯而来。紧接着写与粮食息息相关、由缺粮而引起的饥荒,然后是"一个新中国家庭的粮食记忆",从这三章看应该是一种有面有点、点面结合的写法。接着作者笔锋一转,开始写新中国成立后我们国家的"粮食生产运动"和"国家战略",之后是"中原奇迹"等,又是一个点面结合的写法。而与前两部著作相比,《粮食,粮食》最显著的特点则是史料翔实,有理有据,以史料为基础来书写中国粮食的发展史。

应该说,但凡要写粮食就会写到粮食的安全和未来,那么《粮食,粮食》这部著作也不例外,也将粮食的未来放在了著作的最后一章"从'吃得饱'到'吃得好'"中。在这一章中,作者并没有对未来粮食的发展做过多的阐述,而分别将"面粉业""中原面食遍世界""方便面""永城的'白色经济'""速冻食品三全热""思念""'六畜'之首""那个养猪的""养殖在中原""养禽吃蛋""乳业兴旺""无鱼不成席""菜篮子""果盘子"等作为二级标题,以一个个鲜活的事例为基础,说明中国人是如何从"吃得饱"走到"吃得好"的。由此,读者从文字的描述中去感悟粮食的未来及安全。

值得一提的是,三部著作都对我国粮食今后的发展或者说是未来进行了描述,但都没能开出一剂救世的"粮"方,最主要原因是他们三位都只是作家,而不是粮食专家、政治家或经济学家。

总之,如果有读者想从文学的角度去全面、系统地了解整个中国粮食发展的历史,还真得将这三部作品结合起来读。想了解与粮食有关的农民生活状况,想了解中国三农问题的具体落实和解决方案,不妨就读一读《共和国粮食报告》;想了解从古至今粮食的发展历史,他们是如何从古走到今的,那就读一读《粮食,粮食》;如果你想站得高,看得远,思考诸如粮食与人类的各种关系问题,那就读《粮道》吧。

如水行板

——由《王剑冰精短散文》谈起

王剑冰,男,专业作家,河南省作家协会副主席,河南省文艺评论家协会副主席,河南省散文学会会长,中外散文诗协会副主席,国务院特殊津贴专家。全国鲁迅文学奖第二、三、四届评委。出版著作有诗集《日月贝》《欢乐在孤独的那边》《八月敲门声》,散文集《苍茫》《蓝色的回响》等;散文《绝版的周庄》被刻碑于周庄,作者被周庄授予荣誉镇民。

《王剑冰精短散文》2011年由大象出版社出版。全书约25万字,收集了王剑冰2011年之前创作的最精美的散文,共计119篇,像他的许多名篇如《绝版的周庄》《水墨周庄》《吉安读水》《斜雨过大理》《阆中》等全部收集在该书中。该书按写作内容的不同,分为《如水行板》《时光之予》《冰雪情怀》《琴瑟山水》《生命如歌》《长河回溯》,共六辑。

一说王剑冰先生的散文,不知道为什么,我脑海里立马会出现一个词——"如水行板"。是说王剑冰散文书写得流畅如水行板？还是说王剑冰散文的语言如水行板？还是指王剑冰散文创作的整体风格如水行板？也是，也不全是，要我完全清晰明白地回答这个问题，的确有点难。仅凭印象，我以为用"如水行板"四字形容王剑冰的散文创作最恰如其分。而"如水行板"恰恰又是《王剑冰精短散文》第一辑的名称，不妨这篇文章我们就从"如水行板"说起吧。

水是流动的，原本该是动的，但用在王剑冰的散文中，那就是静动结合的，既有静感也有动感。其实这也是王剑冰散文的核儿，静中有动，动中有静，静中取动，动中含静。板原本是放着的呆物，而与水相结合，则发挥了它最极致的功能那就是动。用"如水行板"这一词来形容王剑冰的散文，仿佛让你看见了王剑冰散文中那种既灵动又安静，既内敛又张扬的与众不同的风范。

有的散文写得很大气，气势恢宏，如洪钟大吕，读着有排山倒海之势，那势头足以压得你气喘吁吁的，但读完却留不下回味咀嚼的余地。而有的散文写得看似平实小巧，无华丽辞章，就是平铺直叙，读着却"如水行板"，读后十分耐人回味，如含在嘴里的口香糖，久留余香。有时候，文章读过好久了，那文中的某个词会突然间在你的脑际蹦出，让你不由得喊出："绝了！这词是如何想到的！"读王剑冰散文中的许多篇什都会有这样的感觉。

有评论者评王剑冰这种如水行板的风格:"温柔敦厚、儒雅翩翩的君子之风。'怨而不怒、哀而不伤'的温和、柔美、节制的古典审美趣味,正是王剑冰散文的最大特色。"[1]"王剑冰先生的散文创作颇似山泉,汩汩外溢,自然而然地汇成悠远隽逸之溪,漫漫浸润心扉,这是心底的流韵,心与心相读,使你情不自禁地和作者一起陶醉在优美的韵律中。"[2]而著名散文大家贾平凹则称王剑冰的散文是:"当今的散文写作,正处一段热闹期,遂使一些'竖子'成名,如果仅从中国的中间划一条直线,东边余秋雨有余秋雨的面目,西边周涛有周涛的个性,中原郑州的王剑冰虽未有余周的极致,却有他的中庸,中庸并不是平庸,它有它的浑厚和鲜活。"

一

"水"在王剑冰的整个散文创作中占着极重的分量,而收入《王剑冰精短散文》中有关水的篇什也不在少数。仅从标题上看如《吉安读水》《斜雨过大理》《长岛读海》《同里余韵》《阆

---

[1] 潘磊:《君子情怀,温润如玉——论王剑冰的散文创作》,《平顶山学院学报》2016年第1期。

[2] 孙永庆:《云自舒卷韵自流——读王剑冰散文集〈有缘伴你〉》,《滨州师专学报》1996年第3期。

中》《有雪的圣彼得堡》《晨雨 走进一个境界》《那一池按季开花的荷》等,不是写雨写雪就是写海,总之篇篇均与水有关。而王剑冰的名篇《绝版的周庄》《水墨周庄》等原本写的就是水乡,水乡自然更是离不开水了,怎一个"水"字了得!

在《吉安读水》中,作家开篇就以"水"注解。"江西的南部,有一条美丽的水叫章水,有一条精致的水叫贡水,两条水流合二为一形成了更加美丽精致的水叫赣江。宏阔的赣江一路北出,串起了一个个明珠,其中一个闪着耀眼的红、迷人的绿的明珠就是吉安。吉安是水带来的城市,古人依水而居,富足的水才会有富足的都市。"[①]以此为契机,作者开始娓娓道来,用他平实而如行云流水的语言在解读吉安的历史。"人生自古谁无死,留取丹心照汗青"的文天祥就在富水旁横空出世,古村落渼陂则是毛泽东曾经住过的地方,唐宋八大家之首的欧阳修就出生在恩江旁,还有"中兴四大家"之一的杨万里的家乡也有一条水叫吉水,"落木千山天远大,澄江一道月分明"是黄庭坚在江边泰和阁上留下的名句。

由此,读者不难看出,这吉安不仅仅与水有关,而且这水还不是一般的水,是承载着伟人和历史的水。

在《斜雨过大理》中,作家浓墨重彩描画的则是洱海的雨:

---

① 王剑冰:《吉安读水》,载《王剑冰精短散文》,大象出版社,2011,第9页。

那雨无声,柔柔润润地飘来。轻刷刷地洒在田野里,洒在洱海里。遇有小风,斜斜地扭着腰儿在车前打个旋儿就奔到远处去了。

雨湿的路面,光光展展好生透亮。

路边的桉树,一个个披头散发,尽情地沐浴。而洱海边那群柳树,更是弯极了身子,一起一落恣肆地濯洗着浓绿的长发。

雨来得急。田里正插秧,白族姑娘们多未带雨具。或许经的雨多,不大在意,许多人并未起身跑去。有的只是直起身整了整发辫,卷了卷裤腿。这是插秧时节,一场小雨哪能将她们驱回家去呢?①

于是,由此景及人,开始了一场作家雨中抒情。可谓是情由景生,情景交融,意境优美。

而在《长岛读海》中,作者读到的海不仅仅是蓝色的,而是五彩斑斓的:

海的浪在翻涌,海的浪是有颜色的。

它不尽是人们所说的蓝色。海的浪有时是白色的,晚上

---

① 王剑冰:《斜雨过大理》,载《王剑冰精短散文》,大象出版社,2011,第12页。

睡觉的时候,海浪一波波涌起,拍打着沙滩。

....

海有时是灰色的,像刚才我面前的海的颜色。

而你知道吗?海有时是红色的。

这时的海正在借助太阳,霞光中的海,一片片涌起,完全是一片艳红,那是多么大的一片红啊,让人想到整个海中有无数条红鱼在滚动。也就想起张羽煮海的故事,整个海似乎都在燃烧了。

多少年中,很多的地方的早晨我都起来看过海,但从来没有看到这般红艳的海浪。[1]

二

如果讲,一位作家有与一个地方的缘分,对于王剑冰来说,他最深的缘分应该是在周庄。一提王剑冰,人们自然会想到他的《绝版的周庄》,而王剑冰的《绝版的周庄》是被周庄刻在石碑上作为一张炫目耀眼的名片向游人宣读的。去周庄的游人必读王剑冰的《绝版的周庄》,读《绝版的周庄》的读者必

---

[1] 王剑冰:《长岛读海》,载《王剑冰精短散文》,大象出版社,2011,第17页。

生出去周庄看看的心。

对于周庄,网络是这样介绍的:周庄位于苏州城东南、昆山西南,古称"贞丰里"。北宋元祐元年(1086年),周迪功舍宅200余亩建全福寺,始称周庄。周庄镇为水乡泽国,因河成街,呈现一派古朴、明洁、幽静的韵味,是江南典型的"小桥流水人家"式古镇。虽历经900多年的沧桑,周庄仍完整地保存着原有的水乡古镇的风貌和格局。20世纪80年代中期,著名画家陈逸飞在周庄画了一幅《故乡的回忆》的油画,在美国石油公司董事长阿曼德·哈默的画廊中展出,这幅画描绘了姑苏的小桥流水、江南的田园风光,将美国观众带到了神话般的境地。这幅画被哈默用重金买下,并送给邓小平同志。这样才使周庄成为著名的旅游地区。吴冠中曾撰文说"黄山集中国山川之美,周庄集中国水乡之美"。海外报刊争相援引这句话,甚至称周庄为"中国第一水乡"。

关于周庄,在《王剑冰精短散文》中共收录了四篇:《绝版的周庄》《水墨周庄》《周庄的月》《周庄的蓝》。对周庄的书写,是王剑冰散文的一大亮点。在作家王剑冰的眼中,周庄哪里是一个水乡古镇,分明是自己的梦中情人,他将周庄视为自己心仪已久的女子,"清凌的流水柔成你的肌肤,双桥的钥匙恰到好处地挂在腰间,最紧要的还在于眼睛的窗子,仲春时节半开半闭,掩不住招人的妩媚"。"我真的不知道,你在那里等我,等我好久好久。我今天才来,我来晚了,以致使你这样沧桑。而你依然很美,周身透着迷人的韵致。真的,你还是那样纯秀、古典。只是不再含羞,大方地看着每一位来人。周庄,我呼唤着你的名字,呼唤好久了,却不知你在这里。周庄,我叫着你的名字,你比我想象的还要动人。我真想揽你入怀。"①我们不妨想象一下,作者该对周庄怀有多深的情感,才能写出这样的词句。

正是对周庄怀揣着一种爱一种情,而周庄的水、周庄的石、周庄的油菜和周庄的蝴蝶、周庄的月甚至周庄的蓝等一切都融入了作者的心中。

周庄的水、周庄的石、周庄的一切在作者心中全是多情的:"我有时觉得这水是周庄的守卫,为了这些石头,这些房子,每日每夜在它们的四周巡游。有了这些水的滋润,即使是苦难也会坚持到幸福,因为石头知道了水的力量。这样,也许水就姓周,而石头姓庄。"②

"油菜是植物类种在大地上涂抹得最艳丽的色块,它们绝不是单个的出现,如果路边和沟渠边有株零星的,也是那彩笔

---

① 王剑冰:《绝版的周庄》,载《王剑冰精短散文》,大象出版社,2011,第4页。
② 王剑冰:《水墨周庄》,载《王剑冰精短散文》,大象出版社,2011,第21页。

无意间滴落的汁点。

油菜整块整块地铺在大地上,仿佛江南女子晾晒的方巾,又仿佛是一块块耀眼的黄金。油菜花在四周里舞动的时候,就有股色彩的芳香浓浓地灌进了周庄。那种芳香让人想到雅致,想到端庄,想到优美的舞姿。

…………

蝴蝶是最美丽的舞者,也是最实诚的舞者,它绝不像蜜蜂那样嘤嘤嗡嗡,边舞边唱。它就是无声地飞,无声地欢呼。你要是闭上眼睛听是听不见它的来临的,但你先看了它的来,再闭上眼睛,你就看见了它的舞了,它的舞甚至比睁开眼睛看还好看。你眼睛闭得时间久了,那蝶舞着舞着就会舞到你的幻觉里去。①

而周庄的月亮和别处一样,也不一样。似乎周庄的月亮和朴实敦厚的周庄一样,既无华也实在。"月亮总还是不如太阳,能够把一切都照得明亮,即使照不到的地方,也靠它的影响和张扬而变得光亮起来。月亮则显出了实在,照得到的地方就照,照不到的就由它暗下去。这样,越照得到的地方就越

---

① 王剑冰:《水墨周庄》,载《王剑冰精短散文》,大象出版社,2011,第21页。

明朗,越照不到的地方越黑暗。"①平实朴素的语言,把月亮的个性和品质透透彻彻地活画了出来。

还有《周庄的蓝》那也是别出心裁的。"这是一种叫靛青的颜料染成的,而靛青是从'蓝'中提取的。草字头的蓝,原本是一种草,江南极易生长的一种草。这是一种水乡人十分喜爱的草,或者说是水乡人十分依赖的草,'根深蒂固'一词不知是否由蓝而来。蓝可以成片地繁衍生长,抓地很牢,水乡人依赖它把住泥土,固定堤坝,以保证村庄和稻田不被水浸扰毁坏。"②

三

读《王剑冰精短散文》,我是很挑剔的。像读其他自认为好的文章一样,我不以书中目录为引导,也不以扉页的篇章介绍为定论,只凭我自己的好恶,无论先后,随便地翻,翻到一篇,看上三两句。三两句中,哪怕是有一个词、一个字能吸引我,我都会继续读下去,否则,一律 Pass 掉;有时候也会"隔山

---

① 王剑冰:《周庄的月》,载《王剑冰精短散文》,大象出版社,2011,第238页。
② 王剑冰:《周庄的蓝》,载《王剑冰精短散文》,大象出版社,2011,第281页。

蹦",即随便翻到一页,随便看到一行或几个字,不是开头也不是结尾,一眼看下去,觉得舒服就继续看下去,否则,还是Pass。千万别低估了我的这种挑剔读书法哟!在我的阅读世界里,不是所有的文章都能享此尊荣的。我的阅读经验是这样的,只要文章中有一两个词或一句话,哪怕是一个字吸引我,我会认为在随后的内容中一准会有耐看的东西。若不是这样,那就对不起了,喜新厌旧的我,是绝对不会客气的。我是读者,我怕谁!

还有一点,不太好意思说出口。您知道吗,在我家里,最好读的书不是放在书架上的,而是放在厕所里?《王剑冰精短散文》和我家里的一部分书常待的位置应该是厕所。因为有两个卫生间,解决"人生大事"时就不太固定,有时候是在距卧室近的那个,有时候又在距客厅近的那个,因为居无定所,真是难为《王剑冰精短散文》了,它也跟着我挪来挪去的,要怪也只能怪《王剑冰精短散文》太精彩了。

翻过来翻过去,比较过来比较过去,我还是觉得我这个人的审美和别人不一样,我也不知道是为什么。其实,这世界上的人不同,口味也应该是各异的,有人喜欢吃酸,有人就喜欢吃甜,有人喜欢吃辣,还有人喜欢吃苦呢!口味因人而异,原本无可厚非。只是人不同,喜好的程度也不同。比如说同样是喜欢辣吧,有人喜欢微辣,有人喜欢很辣,还有人喜欢麻辣。

我这人有点个色,不仅喜欢辣,还喜欢麻,喜欢麻还不算,还要苦中带麻,想想那是一种什么样的味道吧,偏偏就是我的最爱。读文章也一样,像王剑冰这样的散文大家的文章,大部分人觉得好的文章,我也未必认同,反倒是有那么几篇大家不热捧的,却十分入我的"法眼",不仅喜欢,读了还润心润肺地觉得妥帖,舒肠舒胃地觉得爽快!举两个例子吧,一篇是《水墨周庄》,一篇是《斜雨过大理》。其实,在《王剑冰精短散文》里,这两篇文章和《绝版的周庄》《吉安读水》等同属于《如水行板》这一辑。这一辑为什么叫"如水的行板"这么一个名字呢?别人是不知道的,只有作者自己最清楚。自己曾经出过书,知道个中的滋味。为什么将这一类文章放在一起呢?我猜大概都算是行走中而产生的散文吧,不知道王先生认同不认同?将某些篇章放在某个地方,对于出书者来说,也是很讲究的。有时候一篇文章能颠来倒去换好几个地方。《绝版的周庄》放辑首,《水墨周庄》就放得靠后。像王剑冰先生如此细致的人,更不会将自己的文章胡编乱放的。其实,一本书中文章的编排有点像是自己家里的摆设,不同的人,想彰显的不一样,东西的摆放位置也是不会相同的。王先生到底是按自己喜欢的程度去摆的,还是按读者喜欢的程度去摆的抑或按名气大小去摆的呢?我们不明白,只有王先生他自己知道。

作者是一个套路,读者又是另外的一个套路,我是读者,我的阅读我做主！我喜欢拿《绝版的周庄》与《水墨周庄》作比较。别人的文章是无法与《绝版的周庄》相比的，只有《水墨周庄》才有这个资格。与绝版的周庄相比，我似乎更喜欢水墨中的周庄，引用现在很流行的一个词，感觉水墨的周庄更接地气，更有味道。如果说"绝版"体现的是周庄的价值，而"水墨"彰显的却是它的个性。

我评判散文好坏有个很重要的标准，那就是语言。我觉得，一篇散文语言经不起咀嚼，犹如长得漂亮却没有内涵的美女一样，看上三眼两眼后就转移视线了。散文也是这样，如果语言经不起咀嚼，吃起来也就不够筋道了，嚼个三两口就会吐掉。若论王剑冰散文的语言，在整个中国散文界那也是没说的！王剑冰散文的语言是很有味道的，绵柔却很筋道。只是与《绝版的周庄》相比，我喜欢《水墨周庄》更浓烈些罢了。

水贯穿了整个周庄。

水的流动的缓慢，使我看不出它是从何处流来，又向何处流去。仔细辨认的时候，也只是看到一些鱼儿群体性地流动，但这种流动是盲目的、自由的，它们往东去了一阵子，就会猛然折回头再往西去。水形成它们的快乐。在这种盲目和自由中一点点长大，并带着如我者的快乐。只是我真的不知道这水是怎么进来的。

在久远的过去,周庄是四面环水的,进入周庄的方式只能是行船。出去的方式必然也是行船。网状的水巷便成了周庄的道路。道路是窄窄的,但通达、顺畅,再弯的水道也好走船,即使进出的船相遇,也并不是难办的事情。眼看就碰擦住了,却在缝隙间轻轻而过,各奔前程。

真应该感谢第一个提出建造周庄水道的人,这水道建得如此科学而且坚固。让后人享用了一代又一代,竟然不知他的姓名。难道他是周迪功郎吗?或者也是一个周姓的人物?

真的是不好猜疑了。水的周而复始的村庄,极大程度地利用了水,即使是后来有了很大的名气,也是因了水的关系。

水使一个普通的庄子变得神采飞扬。①

既然文章的题眼是"水墨"周庄,墨不墨的暂且不去管它,水是一定要写足写够的,并且这个水是流动的,有响声的,让你能够看得见、摸得着的。

而《水墨周庄》的语言,我是一嚼就嚼出味道了。最先感觉《水墨周庄》有筋道的是一个词"慵懒"。

我在这里突然想到了一个词:慵懒。

---

① 王剑冰:《水墨周庄》,载《王剑冰精短散文》,大象出版社,2011,第19页。

这是一个十分舒服的词,而绝非一个贬义词。在夜晚的水边,你会感到这个词的闪现。竹躺椅上,长条石上,人们悠闲地或躺或坐,或有一句无一句地答着腔,或摇着一把陈年的羽扇。

有人在水边支了桌子,叫上几碟小菜,举一壶小酒,慢慢地酌。一条狗毫无声息地卧在桌边。

屋子里透出的光都不太亮,细细的几道影线,将一些人影透视在黑暗里。猛然抬头的时候,原来自己坐的石凳旁躬着一座桥,黑黑地躺在阴影中。再看了,桥上竟坐了一个一个的人,都无声。形态各异地坐着,像是不知怎么打发这无聊的时间。其中一个人说了句什么,别人只是听听,或全当没听见,下边就又没了声音。

水从桥下慢慢地流过,什么时候漂来一只小船,船上一对男女,斜斜地歪着,一点点、一点点地漂过了桥的那边去。有店家开着门,却无什么人走进去,店主都在外边坐着。问何以不关门回家,回答说,关门回家也是坐着,都一样的。

有人举手打了个哈欠,长长的声音跌落进桥下的水中,在很远的地方有了个慵懒的回音。[1]

---

[1] 王剑冰:《水墨周庄》,载《王剑冰精短散文》,大象出版社,2011,第20页。

好个"慵懒"！无论是写人还是状物，周庄的夜晚就只能用一个词去形容，那就是"慵懒"。在如今这个嘈杂喧嚣的世界里，一个地方能配得上"慵懒"这个词，那可不一般哟！

在《王剑冰精短散文》中，像这样耐嚼的语言绝不止《水墨周庄》这一篇，可以说到处都是。不妨我们再享受一段《斜雨过大理》那"如水行板"的语言吧：

雨来得急。田里正插秧，白族姑娘们多未带雨具。或许经的雨多，不大在意，许多人并未起身跑去。有的只是直起身整了整发辫，卷了卷裤腿。这是插秧时节，一场小雨哪能将她们驱回家去呢？

她们弯着腰，左手持秧右手插苗，动作舒展又利落，你看不清她的左右手是如何交换动作，只见一棵棵秧苗又快又齐地立在了水中。真像是地毯厂女工在飞针，一下一下将葱绿绣进田野。

这里那里，远远近近的都是忙于织锦的姑娘们。田野一忽就艳丽起来，大色块一片一片那般整齐规矩而富于艺术。慢慢感觉，这些姑娘们把她们自己也绣了进去。①

---

① 王剑冰：《斜雨过大理》，载《王剑冰精短散文》，大象出版社，2011，第13页。

像这样一幅幅秀美的图画可不是随便谁都能描绘出来的。好的绘画是这样的,你看到的是一回事,你想象到的却又是另外一回事。好在王先生给人留足了那个无限想象的空间,听听"一下一下将葱绿绣进田野"这样的语言,看看"她们弯着腰,左手持秧右手插苗,动作舒展又利落,你看不清她的左右手是如何交换动作,只见一棵棵秧苗又快又齐地立在了水中"那样的动作,不用说,你自己也以为那些插秧的姑娘不是在插秧而是在绣花了,如果把无趣的劳动都变成了有趣的织锦了,你说能不美吗?

读王剑冰的文与读王剑冰的人感觉是一样的,不温不火,不疾不徐,又有一种味道在里面,这种味道很能经得起品咂,而我咂过来咂过去,就咂吧出了这么一点儿来。

情到真处文最美

——以《走过岁月》为例谈散文的情感创作

一

侯英姿的《走过岁月》是一部以散文为主的作品集。全书共分六辑:第一辑《亲情如海》,第二辑《爱情似水》,第三辑《岁月悠悠》,第四辑《生活百味》,第五辑《教坛心语》和第六辑《诗苑漫步》。除第六辑是作者的诗作外,其余大多为散文。

其中《亲情似海》是写英姿与亲人的情感,祖孙情、父女性、母女情、姐弟情、母子情均包含其中;《爱情似水》顾名思义是写英姿的爱情婚姻以及家庭生活;《岁月悠悠》则是写友情的;《生活百味》是写英姿自己走过的人生之路,以及在这条路上的所感所思所悟;而《教坛心语》则是英姿为人师表的各种体验和个中甘苦。

法国著名艺术家罗丹曾说,"艺术就是感情","没有情感也就不存在真正的艺术"。人们常说的"愤怒出诗人"也是这个道理,"愤怒"也是一种情感。其实,不仅仅是诗需要情感,任何文学作品都需要情感,没有情感也就没有文学。小说寄情于人物,诗歌寄情于意境,而散文则寄情于叙事。只不过,不同的文学体裁表达情感的方式不同罢了。

"感人心者,莫先乎情。"这是唐代大诗人白居易说的。刘勰说:"人禀七情,应物斯感,感物吟志,莫非自然。"(刘勰《文心雕龙·明诗》)在刘勰看来,感物言志,是很自然的事情。著名散文评论家林非认为:"散文创作是一种侧重于表达内心体验和抒发内心情感的文学样式,它对于客观的社会生活或自然图景的再现,也往往反射或融合于对主观感情的表现中间,它主要是以从内心深处迸发来的真情实感打动读者。"①古罗马诗人贺拉斯认为:"一首诗不应以美为满足,还须有魅力,要能按作者愿望左右读者的心灵。你自己先要笑,才能引起别人脸上的笑。同样,你自己得哭,才能在别人脸上引起哭的反应。"②按笔者理解:散文最美最能打动人的就是情,情到真处

---

① 林非:《散文创作的昨日和明日》,《文学评论》1987年第3期。
② 贺拉斯:《西方古典作家谈文艺创作》,春风文艺出版社,1980,第52页。

文最美。

好的散文应该是饱含着作者浓浓情感,有能左右读者情绪,让读者随你哭随你笑的魅力。

正如人不同,口味也不同一样,有人喜欢清淡,有人就喜欢浓烈,真是萝卜白菜各有所爱。对于散文的喜好也会因人而异,有人喜欢抒情散文,有人喜欢叙事散文,有人喜欢哲理散文,还有人喜欢怀旧散文等,不一而足。无论是何种风格的散文,有一点是大家都喜爱的,那就是倾注作者真情实感,言之有物的散文。有人说,"散文的本质规定其必定是一种最接近现实生活的语言艺术,也是一种最自然的情感表现方式,就像一个人在自己家中,打着赤脚,甚至光着膀子,斜躺在沙发上浏览报刊或欣赏着电视上的音乐节目,突然有客来访,不经意间看到了你最自然最随意的姿态。这种最自然也最随意的姿态,即是散文情感本色美所推崇的最佳境地"[①]。

如果一位作家,站在第三者的立场,用事不关己,高高挂起的态度写散文,不能将自己的真实感情融入散文中,无病呻吟,写出来的文字肯定也是干巴巴的,既感动不了自己也感动不了别人,那样味同嚼蜡的文字不如不写。

散文该如何表达情感呢?

---

① 曾焕鹏:《论散文情感的本色美》,《青海师专学报》2006年第4期。

笔者以为,散文情感最好的表达应该表现在两个方面,一方面是情感的真实,另一方面是情感的真挚。表面上看"真实"和"真挚"只有一字之差,对于散文却有着异曲同工之妙,是散文创作必不可少的两个方面。创作者在创作散文时,如果能做到这两点,应该说就是抓住了散文的精髓,也就是散文的核心和关键了。

大体上,侯英姿的散文就是按照这个路数去创作的。不妨,我们就按照这两点,来解读一下英姿的散文吧。

二

名为《走过岁月》,实际上就是作者侯英姿自己走过的岁月。无论是《亲情如海》《爱情似水》《岁月悠悠》《生活百味》还是《教坛心语》等均是英姿最真实生活的反映。我们以《亲情如海》为例。《爷爷写对联》是写爷爷的,而《父亲的老"坦克"》《只可仰望 无法超越》则是写父亲的,《浓情五月忆母恩》《妈妈,你在天国还好吗?》《没有母亲的母亲节》是怀念母亲的,《"大老笨"姐姐》和《在战争中成长》则是写姊妹情谊的。从这些篇什中,你既能了解英姿的亲人如爷爷、父母、姐姐和弟弟等,也能体会出英姿对于他们浓浓的情意。抒写对自己身边亲人的情意,写普通人的喜怒哀乐,这就是散文。

英姿写这些亲人是带着浓浓的感情的,她的文字是有灵动的,充满了温度和热度,作者的这种情感,我们通过阅读就能感悟出来。通达事理又家学很厚的爷爷,沉默寡言、聪慧睿智的父亲,任劳任怨的母亲,以及看似笨拙实则聪慧的姐姐等,他们是作者最熟悉的人,也是作者最亲、最近、最爱的人。

爷爷早年师范毕业,是我们这一带有名的老师,到今年,离开三尺讲台已经有二十多年了。

…………

爷爷的爷爷曾是晚清秀才,爷爷从小得以饱读诗书,师范毕业后,成为城东一带很有名的教师,解放后,经改造成了自食其力的小知识分子。在那个知识越多越反动的年代,出身不好的他曾被批斗、被辩论,身心备受摧残,可记忆中这段屈辱的历史似乎没有在他身上留下太深的烙印,仍然改变不了他爱读书的嗜好。记忆最深的是,已经退休的爷爷戴着老花镜,倚坐在院子里那把老藤椅上,读一本本发黄的书,或皱眉或舒眉或点头或微笑,一读便是一个午后。爷爷爱书,那时家里存有他好几箱书籍,许多已经发黄,爷爷总是把他心爱的书紧紧地排列在一起,或装到箱子里,或整齐地摆放到桌子上,爷爷告诉我,读书使人明理,他希望我做一个明辨善恶的人,希望我秉承他的书香之气。直到现在,不管多繁忙,我依然能坚持读书。

到了晚年,爷爷还保持着看书记日记的习惯。2012年,这位92岁的世纪老人无疾而终。他留下的宝贵精神财富让我们受益终生。(《诗书传家继世长》)

记得刚记事时,爷爷编的对联好像是"抓革命,促生产"之类,具体内容已记不清了,至于村里人要求爷爷写在灶王爷两边贴的"上天言好事,下界保平安"之类,爷爷是绝对不敢写的,大概挨了半辈子批斗的爷爷怕再挨批。

到了70年代末80年代初,我们家的喜事好像特别多:农村不兴成分了,我们家摘掉了地主帽子,爷爷和父亲相继落实政策,家里也分到了一份责任田。几年间,我家有白馍吃了,又盖起了新房,结束了一家六口和爷爷奶奶三间屋两头住的生活。记得那年,我家新房门上贴了爷爷自编的对联"我家盖房大家帮忙,衷心感谢永世不忘"。让村里人看了哈哈大笑,都说编得好,还是文化人,也成了我们小孩在街头巷尾传唱的顺口溜。随着我们姊妹几个相继考上学,爷爷给我们家的对联换成了"书山有路勤为径,学海无涯苦作舟""书香门第""教师世家"之类,在他自己的门上则贴上"福如东海长流水,寿比南山不老松"。(《爷爷写的对联》)

英姿的父亲也是一位多才多艺,琴棋书画样样都能,"百科辞典"式的中学教师。

父亲出身于书香门第,是长垣一中第一届高中学生,1959年,在那个特殊的年代,高考成绩优异的父亲因为家庭成分不好被降格录取到信阳师专数学系。毕业后,在信阳罗山县任教,先后教过初高中数学。"文化大革命"中,调回原籍接受再教育。学校复课后,他才重返讲台,并在我们村的小学办起了初中班。在那个教师稀缺的年代,不论文科理科体音美,啥课缺人他都能顶上去,而且教啥像啥,一位老校长曾说过:"给西廷分课,除了英语,啥课我都敢给他(父亲上学时学的是俄语)。"老师们有啥疑难问题,都爱向父亲请教,他总是有问必答,因而被大家称为"百科辞典"。父亲工作刻苦努力,受到了学生和群众的爱戴。1978年,他教的40名初中毕业生,有38人考上了中专和高中,创造了长垣教育史上的新纪录,从而使地处穷乡僻野的埝北学校名扬全县。当年,他调到了刚组建的孟岗公社重点初中。(《只可仰望　无法超越》)

母亲则是一位勤劳吃苦,任劳任怨,家里地里,均是一把好手的小学教师。因常年劳累,56岁就去世了。

应该说英姿的散文就是从写自己身边最熟悉也是最亲最

近的人入手,通过他们来表达自己内心的情感体验。她写自己日常生活中的喜怒哀乐,写自己身边的亲人朋友,写亲情、友情、爱情、同学情、同事情、师生情,父女情、母女情、姐妹情、母子情等,她将自己的主观情感融到亲情、爱情、友情等之中,通过对客观现实社会生活的再现,用真实的情感去打动读者。

是啊,岁月是人人都需要走过的,有人走得精彩,有人走得沉稳;有人走得风生水起,有人走得平淡无奇。而英姿的岁月却因为文学走得流光溢彩。

侯英姿,出生在一个书香之家,父母均是教师。一位有个性又知性的70后女生。她聪明好学,贤惠善良,重情重义,酷爱写作。中师毕业后,她开始从事教育工作,工作勤勤恳恳、认认真真,在教学一线还取得了不错的成绩。不仅如此,英姿还有一个和睦的家庭,有一位爱她的丈夫和一双聪明活泼的儿子。

以上信息,我们就是从英姿的散文中获得的,也是真实的侯英姿。

我的名字叫英姿。

我出生在那个"不爱红装爱武装"的年代,那时女孩子的名字多和"梅兰竹菊,花红草叶"扯上联系。父亲是个文化人,听母亲讲,父亲一看生个二妞,说:"二妞就是次女,次与女合起来是姿,飒爽英姿,就叫英姿吧。"从此,英姿就成为伴我一生的大名。

....

但我并没有长成父母期望的英姿,不知是遗传素质问题还是营养的原因,好像总比同龄人矮半头,弄得看谁都得仰人鼻息。我的身高是母亲内心永远的遗憾,简直比我的智商还要让她惋惜,经常挂在嘴边的一句话就是:"二嬲,咱哪怕再长上二三厘米,也好啊。""我的娘哎,这事我自己做得了主吗,要让我当家我得集所有美女的优点,长成一绝世佳人!"年轻时吧,瘦,还能勉强与小巧玲珑攀上亲戚,人到中年,矮,还胖,更没有飒爽英姿的风度了。(《我的名字叫英姿》)

我很丑,但从小到大我都不曾放弃过对梦的追求。没有太阳的炽热没有月亮的皎洁,我只能像星星在不起眼的角落发出自己的光和热。我爱我的家,我不会因为忙碌冷落了我的孩子和老公,我总能让他感到家的温馨,让孩子沐浴母爱的阳光;我感动于父亲很听我的话,就像我当年很听他的话一样;感谢父母赐予我那么多兄弟姐妹,我们姐妹兄弟亲如一家。我工作认真,讲课时而幽默时而煽情,我用我的人格魅力俘虏了很多学生。我用真诚和睿智打动过许多人;我的笔耕不辍执着坚守赢得了领导同事的好评。我有很多优点,做事认真,待人热情,心胸宽广,性格开朗,积极向上;我也犯过很多错误,人本来就是在犯错与改错中成长,我以一颗丰盈的心爱着我所拥有的一切。人可以不漂亮,但不能没有追求。上帝为你关上一扇门,会为你打开另一扇窗。(《我很丑,但我也是一道风景》)

读着英姿的散文,一个活脱脱的英姿便跃然纸上。无论是《亲情如海》《爱情似水》《悠悠岁月》《百味人生》还是《教坛心语》《诗苑漫步》等中的侯英姿就是一个最真实、最实在、最接地气的女子。像天下最普通平凡的女人一样,英姿也为人女、为人妻、为人母、为人师。她就是张家的小妹,李家的大姐,王家的嫂子,赵家的儿媳……

也许有人会问,侯英姿也不过就是一个普通平凡的女人,却又是从何处得来的魅力呢?这魅力来自英姿的文字,来自英姿那份对于亲人、对于爱人、对于友人、对于人、对于世、对于她一辈子从事的教育事业的情真真义切切的爱。有道是,情到真处文最美。

若拿纪实文学的定义:"纪实文学,是指借助个人体验方式(亲历、采访等)或使用历史文献(日记、书信、档案、新闻报道等),以非虚构方式反映现实生活或历史中的真实人物与真实事件的文学作品。"①来套散文,你会发现散文也应该属纪实文学中的一个种类,真实对于散文来说同样是十分重要的。

因此,《走过岁月》中的每一个人,无论是英姿的爷爷、父亲、母亲、姐姐、弟弟、丈夫、儿子,包括英姿的同学、朋友甚至她教过的学生,连同在她小区门口卖瓜的小贩(英姿曾经教过的学生)等,一切均是真实的,甚至是查有此人的。

正因为真实,我们在字里行间中才能寻找到作者的影子,也能找到我们的同事、同学、朋友等的影子。也正因为接地气,读者才爱读爱看,看书中英姿和她的至爱亲朋,仿佛就是在看日常生活中的我们自己,这也是散文的魅力!

三

细想想,《走过岁月》之所以能吸引读者,除真实外,还有真挚。如果说真实是作者反映客观世界的一种态度,那么真挚则是作者反映客观世界的一种能力。无论是对待什么样的情。作者都是充满了激情、饱蘸着感情去抒发的,对于亲情、友情、爱情等,作者满怀着真诚,因此才写得情真意切,才写得生动感人。这部作品与其说是文字打动了读者,倒不如说是

---

① 李辉:https://www.baike.com/wiki/纪实文学.

作者浓浓的情感染了读者。

《走过岁月》整部作品都是在表达作者内心的情感体验，抒发作者最真挚的情感。

《走过岁月》整个被一股浓浓的情裹挟着，亲情、爱情、友情……因为有情在，这些散文才显得丰富而生动，才能打动人，使人愿意读、爱读、想读。

如果说小说的创作在于出奇制胜，诗歌的创作在于创造意境，那么散文的创作在于情感的表达。"感人心者，莫先乎情"说的就是这个道理。其实，有关散文情感的表达，许多著名作家都有论述。巴金说过，写散文要像给亲属写遗嘱那样，把整个心和盘端出。散文理论家林非则认为，散文最核心的就是情感的真诚。贾平凹在《关于散文》中有"真情实感文章兴，浮艳虚假文章衰"的论断。

应该说，好的散文作品之所以能打动人，大多靠的就是真挚的情感表达。与诗歌、小说等文学体裁不同，散文的情感色彩会更浓烈些，表达也更直接些。有专家甚至说，散文的神就是散文的情，由此可见情感在散文创作中占有多么重要的位置。

不管是亲情、爱情还是友情，甚至是师生情，英姿散文最主要的特点就是表达情感的情真意切，也就是真挚。

好的作品，能够打动人的作品，无一例外均是情感充沛、情真意切的好作品。所有成功艺术作品的诞生，均是作者情感的外露和表达，没有哪一部作品作者不融入自己的情感就能打动人感染人的。就这点而言，不仅仅散文是这样，诗歌、小说、报告文学甚至是电视剧本等，一切文学作品均是作者情感的集中喷发。如鲠在喉、不吐不快常常是写作者写作中的常态，只有进入了这种状态，才算进入了完整的创作姿态。从作品本身看，也只有有真实情感的渗透，作品才有艺术感染力和吸引力，读者只有与作品获得心灵相通，才能真正体会到作品的魅力所在，而这种魅力就得益于作者情感的真实流露。朱自清先生的《悼亡妇》之所以能打动读者，除他选取了普通人怀念逝者这样一个能使人生发感慨的主题外，最关键是他在文中表达了自己最真挚的情感，唯有情真，才能打动读者。

英姿的散文也是这样，操劳一生的母亲因病过早去世了，这成为作者一生中挥之不去的疼。母亲走了，但对母亲的思念之情却没有减，在英姿的《走过岁月》中处处蕴藏着作者对于母亲的殷殷思念之情。

母亲去世时年仅五十六岁。我可怜的母亲，她像一头默默耕耘的老牛，为工作，为家，辛苦操劳了一辈子，唯独没有善待过自己！

如今，我已步入中年，内心深处那根思母之弦却常被拨起！偶尔母亲会走入我的梦中，梦中的妈妈身体好好的，对我温柔地说着话，醒来，就会感到一阵阵揪心的疼痛。每到清明、忌日，无论多忙，我们都会相约赶往母亲的长眠之地，为的是寄托对母亲的深深哀思。我多希望祭奠时所有的祈愿都是真实的，母亲在天上可以看到、听到、收到。

走在熙熙攘攘的大街上，我的目光时常贪婪地凝视那一对对结伴而行的母女，她们有的女儿跟我年龄相仿，有的女儿甚至已经白发苍苍，但她们的母亲安然健在。她们多有福气啊。人生就是这么无情，树欲静而风不止，子欲养而亲不待，这是多么无奈的现实！朋友们，请善待你的母亲，好好珍惜你所拥有的母爱吧。不要等到我们的母亲百年之后，才发现自己没有做的还有很多很多。(《浓情五月忆母恩》)

没有母亲的母亲节，我已经过了十八年。六千多个日日夜夜，可以让人淡忘许多，唯独母亲的模样，如刀刻般愈来愈清晰，那白白胖胖一脸笑意的母亲，时常萦绕在心际。面对网上铺天盖地的祝福与煽情的文章，我极力躲避，不去点开，就好像心中的伤痛，不去触碰，就真的会愈合一样。(《没有母亲的母亲节》)

姐弟情也是英姿一直割舍不下的一种情缘。在《战争中成长》一文中，不仅描写了英姿姐弟之间的童真，而且也充满了童趣：

我们俩同时上了学，我听课写作业规规矩矩是正面典型；他是有名的邋遢鬼，他的作业常常是反面材料。我的书读完了还干干净净整整齐齐不掉皮不折角；他的书往往还没学完书角便层层卷起像极了盛开的菊花。他还常常丢东忘西，不是本掉了就是笔丢了要不就是书忘家了。那次穿着妈妈做好的新棉裤上学，放学后却发现裤腰带掉了，真不知道这棉裤是怎么穿到家的。一次我睡觉快掉床了，妈妈要把我抱到床里边，他却不让，理由是：叫她从床上摔下来，摔坏脑子，脑子不灵了就没有我学习好了。

………………

那次爸爸发奖领了一块手表，说好要送给我这个当姐姐的，他却无理争三分，我把表放在抽屉里并上了锁，连睡觉都带着钥匙防止被他偷走。他却一天几遍追着我问："如果我能拿到手表，是不是手表就是我的了？"原来，他卸掉了另一个抽屉，从里面伸进抽屉缝拿走了我心爱的手表。真是防不胜防啊！

有人说，文学的艺术实际上就是语言的艺术，再真挚的情感都是靠语言的表达才能让读者感知得到的。《走过岁月》中有许多灵动而充满了情感的语言,时时在撞击着读者的心灵。如《在战斗中成长》一文写姐弟争宠:"凡是他不要的东西沤成粪我也想不起要,他要的东西再没价值我也争着要。"尤其是写弟弟想超过姐姐,寥寥数语,将一位好强又狡黠,总想胜过姐姐又总也胜不了的小弟形象跃然纸上。我们读后,并没有觉得弟弟可恶,反倒觉得弟弟的天真与可爱。凡此种种,若不是自己的真情实感,仅凭生搬硬套,是写不出这么有情趣的文字的。

  总之,英姿的散文既充满了秀气,也充满了灵气,是那种使人想读爱读愿意读下去的文字。

爱 流 涌 动

——以《再顾已倾城》为例兼论"诗缘情"

说起与延庆的情分,还真有些小复杂。

其一,我们都是从安阳师专中文系毕业的,也算是师出同门。只是我枉长他几岁,我是师姐,他是师弟。

其二,我们曾共同编辑过《安阳师专报》。那时,延庆是我聘用的学生编辑,他喊我老师。

其三,我毕业留校,延庆毕业也留校,我们是同事。

其四,我酷爱文学,我这个小师弟也酷爱文学,相同的兴趣爱好使我们越走越近。

正因为有了以上层层关系的包裹,致使我不敢轻易对延庆提出的要求说"不"!原本我是写散文的,对于诗歌算是门外汉,门外的人如果对门内的事指手画脚是要讨人嫌的。更何况诗是一门十分高雅的文学艺术,不像散文,十分接地气,无论男女老少有没有文化,想写就都能诌两句。像诗这样高端大气上档次的文学艺术,哪能任谁想评就能评论的?一个门外汉捏着鼻子学说门内话,难免会有不到位的地方。所以,我不太想接延庆派给我的这份活儿。但碍于情面,又不太能说得出口,也只能勉为其难了。

延庆的《再顾已倾城》我并非只读了一遍,我反反复复地品读了若干遍。为什么不用读而要用品读呢?那是因为与读比起来,我读得更认真更细致,不敢一目十行,只能逐字逐句读。读着读着,我发现延庆这些诗的特点了,那就是从第一首到最后一首,首首都充满着情和爱,这部作品实际上就是一部爱的大合唱。我灵机一动,索性就叫《爱流涌动》,怎样?这与学界提倡的"诗缘情"也比较切合,就着延庆的诗文,我也谈点有关"诗缘情"的看法。可否?

一、由"诗言志"到"诗缘情"

最早提出"诗言志"观点是在战国时期。

《尚书·尧典》中有:"诗言志,歌永言,声依永,律合声。"明确提出诗的目的就是要表达自己的志向和愿望。

其实,春秋战国时期,不仅仅是《尚书》,这一时期的许多典籍都谈到"诗言志"的问题。《左传·襄公二十七年》记载"诗以言志"。《庄子·天下》则曰"诗以道志"。《荀子·儒效》

也说"诗言是其志也"。

尽管孔子和孟子没有直接说过"诗言志"这类的话,他们也都认为诗就该是言志的。孔子说:"诗三百,一言以蔽之曰:'思无邪。'"按我的理解,这里的"思"应该就是指的志,"无邪"是否可以理解为纯正呢?孟子也说:"故说诗者,不以文害辞,不以辞害志,以意逆志,是为得之。"大意是说,对于诗文的理解要做到,不要因为个别字眼误解了词句,同样,也不要因为某一句话,误解了作者所要表达的意思。要根据作者的意思理解文章的观点,这样才能得到文章的精髓。

到了汉代,人们对于"诗言志"的理解更进一步了。"诗者,志之所之也。在心为志,发言为诗。情动于中而形于言,言之不足故嗟叹之,嗟叹之不足故永歌之,永歌之不足,不知手之舞之足之蹈之也。"(《毛诗序》)大意是说,诗表达的就是志。存在心里不说就是志,把志写出来就是诗。情感的表达要依靠语言,语言无法表达了,就会感叹,感叹还不足以表达就会唱歌,唱歌还不足以表达,就手舞足蹈。

而"诗缘情"这一观点是西晋时陆机提出来的:"体有万殊,物无一量……诗缘情而绮靡,赋体物而浏亮。碑披文以相质,诔缠绵而凄怆。铭博约以温润,箴顿挫而清壮。颂优游以彬蔚,论精微而朗畅。奏平彻以闲雅,说炜晔而谲诳。"从字面表述上我们也不难看出,陆机提出"诗缘情"这种观点并非要与以往的"诗言志"观点形成对立的,陆机说"诗缘情"是与赋、碑文或铭文等其他文体相比较而言的。是后人曲解了陆机的原意,使"诗言志"与"诗缘情"对立起来了。到底诗是该"言志"还是该"缘情"?这争论一直持续了几千年了。一方认为诗就是用来表达政治观点、理想愿望和人生义理的。在他们看来,用诗去表达个人情感,是极不应该的。而另一方则认为:"诗言志"和"诗缘情"只是诗表达的不同侧面,世界上没有所谓单纯言志的诗,也没有单纯传情的诗。"志"和"情"是相互交融的,"志"中有"情","情"中有"志",诗就应该是既言志也缘情。《文选》李善注曰:"诗以言志,故曰缘情;赋以陈事,故曰体物。"有人认为:"情中有志,志中含情;'情'是'志'的基础,而'志'是'情'的外在表现。即'情'决定'志','志'源于'情';'情'为诗魂,'志'乃诗魄。任何把'志'与'情'对立起来的观点都是错误的。"①这种观点,我是比较赞同的。

有人对于由"诗言志"到"诗缘情"的嬗变曾做如下分析:"从'诗言志'走向'诗缘情'绝非偶然,而是理论与创作相互影响递进的产物。考察其流变,不难发现,先秦时代,由于《诗经》成为权威的话语资源,士人'赋诗言志'的多而'作诗言志'的少,加之以儒家的推崇,'志'居于主导地位成为可能;汉代

---

① 宋祖建:《"诗言志"与"诗缘情"考辩》,《天中学刊》2009年第4期。

时,统一的政治体制和意识形态,使前人的诗学理论得以总结和完善,汉代人将'情'与'志'相提并论,开拓了诗学新境界;魏晋时,随着个体意识的觉醒,作为审美主体的人逐渐发现了'美',玄学的盛行更提供了自由奔放的情感空间,于是'情'居于主导地位成为现实。总之,'情''志'的融合与分化应结合具体的文学语境,'诗缘情'提出的文学语境正是人们对诗歌有了更为深刻的认识,对诗学理论的流变有了更清晰的梳理,当情被人们充分展示出来后,'诗言志'走向'诗缘情'便成为一种内在的必然。"①

二、诗为何要"缘情"?

我们知道,陆机提出"诗缘情"的本意并不是要否定"诗言志",他本意是想将诗与其他文体区分开来,尤其是为了能将诗与赋很好地区分开来。在陆机看来,诗词与歌赋的最主要区别就在于"缘情"和"言志"的区别。他认为写赋应该侧重于言志,而写诗就应该注重缘情。赋的特点是在描写事物,而诗的特点在于抒发个人情感。诗和赋的表现对象的不同,就决定了文辞的特点。诗是用来抒发人的内心感情的,感情的细

---

① 郭常斐:《论"诗言志"走向"诗缘情"的历史必然》,《漳州师范学院学报(哲学社会科学版)》2006年第4期。

腻委婉,就决定了它所用的文辞要绮丽精细,这就是陆机"诗缘情而绮靡"的来历。赋是描写客观世界和万事万物的,所用文辞要明白晓畅,因此,陆机说"赋体物而浏亮"。

在漫长的封建社会中,封建士大夫们受传统思想的影响,以"修身治国齐家平天下"为己任,怎能讲究儿女私情呢?因此,对于"缘情"是羞于启齿的。一位胸怀天下的名流学士,有拯救众生于水火的远大志向,如果只写些花花草草、卿卿我我、儿女情长的诗篇,只表达个人的情感,是要被人耻笑的。所以,在那个时代,只为表达个人情感而写诗是要遭人诟病的。后来,随着时代的发展社会的进步,人们越来越认识到,人非草木,孰能无情?表达个人的情感也是很正常的。因此,就提出了诗不仅要言志,也可以抒情,抒发个人的感情,至少"言志"和"缘情"可以并重。特别是到了 20 世纪的 80 年代,改革开放后的新时期,人们更加注重张扬个性,用诗来"缘情"就成了一种十分普遍的现象。如果写诗只为言志,大家反倒觉得不真实、不客观,张扬个性、抒发个人情感反倒受到追捧。

作为 70 后诗人的魏延庆,用诗来抒发自己的情感,来表达自己的爱恨情仇也是再自然不过的事情了。

我们不妨就以延庆的《我在鹤城赏樱》为例,来看看他是如何将"志"与"情"交融到一起的。原本该诗是写赏樱的,诗的首段:"优雅的漫步/有诗意清澈别样的鹤城/看花儿怒放或飘落／一瓣一瓣／为我戴上一顶顶花的冠冕／那份高贵的礼遇呵／是自然交替的生命巡礼。"仅从标题和第一段的内容，我们不难看出，这应该是一首咏物言志的诗。但到了第二段，作者笔锋一转却落脚于缘情。"那份淡淡的喜悦呵／是彼此默契的成全问候／你在我的掌心里跳跃／我在你的心头上唱歌／古老的淇河呵／你追古溯源／在我的灵魂里塑造／最美的诗篇。"从这首诗的结尾，你就很难泾渭分明地说这到底是一首"言志"诗还是"缘情"诗了。类似的还有《我总想》："我总想／觅一处素简流光／在隐秘的角落／将心安放／然后静下来／独自听悲伤的歌／看幸福的戏／温一壶决绝的秋水／长情的告白／任岁月的褶皱／一遍遍爬上额头。"

其实，尤其是现代诗，像这种既言志又缘情的诗有很多。如果说古诗词的五言、七言绝句等还容易判断到底是言志或缘情的话，那么，现代诗要想说出个子丑寅卯确实比较难。

三、如何诗缘情？

"一千个人眼中有一千个哈姆雷特"，如何缘情，那是要靠作者创作的水平和能力了。但寄物缘情却是大多数诗人所选择的，正如世间没有无本之木、无源之水一样，诗人要想表达自己心中的情缘就一定会借助于外物，这个物可以是具体的，也可以是意象的。可以是人也可以是动物、植物,甚至可以是时空中的日月星辰或四季等。人不同,所借助之物也不相同。

从《再顾已倾城》所选的200首诗中,我们能够看出,延庆擅长借助自然、时空、岁月等来表达自己内心的情感。自然界中的花草植物是延庆借用较多的。《桃夭》《寂寞的桃林》《花开的心事》《我在心底种花》《鹤城赏樱》《烙在心底的花》《以一朵花的姿态》《一朵花的呓语》《低眉数落花的殇》等均是借助自然界的花花草草来抒发内心的情感。也或许对于怀揣着思念的人来说,岁月和时空是最大的磨难,所以,延庆的诗作中写与时空岁月、四季等充满时间概念的内容尤其多。如《流年的约定》《青葱的岁月》《青春如风》《岁月是把温柔的刻刀》《站在青春的风口》《流星的悄悄话》《对着光阴说话》等。笔者粗略算了一下,在《再顾已倾城》的200首诗中,这类诗就有50首之多,占整部诗集的四分之一还要多。

仅从该书的书名《再顾已倾城》来看,你也能体悟到作者的用意,作者这部著作就是要表达自己的情爱的。所以,尽管作者将整部作品分为"流年逝水""青葱过往""爱的絮语"三个部分,其实,这三个部分只表达了一个主题,那就是爱,对昔日梦中情人的怀念。因为思念太深,所以作者睹物思人,无论是看到日月星辰还是花鸟草虫等,都会引起作者的思念和联想,于是一首首饱含着作者相思之情的诗便从笔端流出。"爱的絮语"是最直白地对爱的表达,自不必说。"流年逝水"从字面上看,这部分内容是写作者对于逝去岁月的一种追忆,而实际上作者借春日、借秋日、借节气、借桃禾桃林、借雪、借花、借雨甚至借雨巷等来表达自己对心目中的那个"她"的怀念之情。我们仅以与写春有关的诗为例,《与春天相遇》《春日短笺》《春日读你》《春色难赊》《被春分撞个满怀》《春日丝雨怀故人》《在春风里坐禅》《写给春天的情书》《我若归隐便是春天》《暮春的遐思与小满相遇》等,无论是怎样的春,在作者心目中都是与自己心中那个"她"有关的春,都是充满情愫和爱意的春:"用温柔的手/为柳树插上绿簪/为迎春戴上黄帽/为桃花披上喜气的戎装/妆点与你相遇的来路"(《与春天相遇》);"在这样的春日里/我该如何/将光阴的故事静静梳理/某些羞涩的隐喻/悄悄藏入一朵泛黄的涟漪/留待时光去延续美丽"(《在这样的春日里》);"如果流光千回百转/岁月渐渐老去/我愿在和风淡月里/抽取一些清瘦的情意读你/在春华秋实中等你/让一些安暖的片段/在一朵花香里悄然温婉出/满心的欢喜满眼的慈悲"。

像这样的诗句不仅仅出现在"流年逝水"中,同样也出现在"青葱过往"里。是啊,青葱的岁月原本就是为谈情说爱准备的,作者又如何会错过爱的表达呢?

在"青葱过往"中,不管是《如烟往事》《梦的翅膀》《我的孤独》还是《光阴的独白》《光阴故事》《时光的刻刀》《时光的璎珞》《时光的根须》《时光的剪影》甚至《青春如风》《青春的图案》《青春的经纬》《青春的光亮》《青春经纬》等,到处都充满了爱的踪迹。"无论故事的结局/是苦涩回环还是圆满落下/你我一样会美好的不能自已/感动得热泪盈眶……我一定会用最好的方式/将流年和你/一次次在心底妥帖安放"(《时光的刻刀》);"晨风中伫立/那些浅喜深爱的词章/攀爬上蝴蝶的翅膀/成群结队的/飞往你我熟悉的那个方向"(《时光的璎珞》);"灯火阑珊处/一切似乎还触手可及/蓦然回首时/那些曾经的身手相牵山盟海誓/终究是流水不及离恨/梦里花落谁知"(《时光的剪影》);"从地老到天荒/从寂寞的思到未知的盼/我错过了巫山错过了沧水/错过了数万年的渡口/就是不愿错过/与你相遇的那个瞬间"(《青春经纬》)。

当然,文学艺术原本就是一种缺憾美,像所有的诗一样,《再顾已倾城》也并非绝对的完美无瑕。如创作手法的单一,是纯粹,是执着也难免显得单调。诗是创造意境的艺术,而意境靠什么去创造呢?当然靠语言,学会留白,给人们一个想象的空间,这对于写诗的人来说,尤其显得重要。延庆的诗大部分都给读者留白了,只有极个别的篇章显得有些满,似乎说多了。作者说得过多,读者的想象空间相应就缩小了。

以上仅只是我的一家之言,一己之谈。作为一个门外汉,是不足为凭的,也希望延庆不必过于在意,做到"有则改之,无则加勉"即可;更希望延庆的诗越写越好,像一块含在口中的上好口香糖,既要有耐劲又要有嚼劲,能经得起时间的咀嚼,时间越久越有味道。是对延庆的希望,也是我的自勉。

　　愿我们能够共同进步,也不枉同为"安阳师专中文系"的学生,对得起这个称号和我们师出同门的情谊。

知 人 论 世

——以《路在脚下》为例谈传记文学写作

要说,我与《路在脚下》的缘分真不算浅。无论是传主,还是这部书的作者,我都十分熟悉。传主骆平安是我工作单位安阳师范学院的第一任院长,正是在他的带领下,我们学校才由一个专科学校一步跨进了本科的行列,实现了质的飞跃。作者李芳菊不仅是我的同事,还是我的文友和知心大姐,多种关系的重合,使我们成了无话不谈的亲密朋友。

如大姐般的李芳菊老师点名要我为《路在脚下》写点什么,于情于理我都是没资格拒绝的,更何况还有老校长的情面在那里放着。所以,不管能不能写好,也不管写些什么,无论如何我是一定要写的。

读《路在脚下》这本书,实际上就是在读我的老校长骆平安的人生经历和芳菊大姐的爱情、婚姻和家庭。或许是因为过于熟稔的缘故,阅读这部书时,我没有一点陌生感,如往常芳菊大姐在与我说家常,从里到外透着亲切。

若给《路在脚下》归归类,毫无疑问,《路在脚下》应该算是一部传记文学。说得再具体点,是一部由别人代笔撰写的他传文学,他传文学也是传记文学中很主要的一个门类。不妨,我们就结合传记文学写作的要求来谈谈这部《路在脚下》的写作吧。

他传文学是传记文学按传主对象不同而分类的一种方法,这种文学体裁在中国传记文学史上还有许多,最典型的要数司马迁的《史记》了。它包括十二本纪、三十世家、七十列传,几乎囊括了自传说中的黄帝至汉武帝所有王侯将相、达官显贵。与其说他们因显赫而进入了《史记》,倒不如说,因为《史记》,他们才被历史记住了。

何谓传记文学?"传记文学是运用除虚构以外的多种文学艺术手法,再现人物生平经历和事迹,展现人物的精神风貌,刻画其鲜明形象和生动个性的一种文学体裁。"(360百科)其实,有关传记文学的解释也有一些其他说法,在此,不一一展开了。

应该说,传记文学是一种文史兼容、史文合一的文学体裁。像其他文体一样,传记文学也有它自己的个性和特点。

传记文学最显著的特点大致有三:历史性、真实性和艺术性。当然对于传记文学特点的理解,学界也有不同的声音,但对于上述三点是大多数专家和学者认同的。不妨,我们就结合这三点来谈谈这部著作。

先从传记文学的历史性和真实性来说。为什么要将这二者放在一起呢?因为这二者几乎是密不可分的。历史是真实的记录,真实是历史的见证。应该说历史性和真实性是支撑传记文学的两根柱础,如果失去了这两性,传记文学也就无从谈起了。

有人曾说过:"在中国的文化史上,自司马迁在《史记》中以人物为中心来表现历史,开创纪传体样式之后,史传合一成为定体,以后历代均延袭此体。"①无论是古今还是中外,历朝历代都十分重视传记文学"史传合一""以古为镜"的特性。因为传记文学再现的是已成过往的人和事,不仅是历史的重要依据,而且后人还可以从中吸取许多的经验和教训。所以,历代的帝王将相均以此为借鉴,寻找治国安邦的良策,而历代的士大夫和文人也以历史上的人物为榜样,寻找辅佐朝政共谋发展的方法。"已往之废兴,堪作将来之法戒。"(宋濂《文寓集·进元史表》)是历朝历代上至皇帝下至达官贵胄所遵从的法则。"前事之不忘,后事之师也。"(《战国策·赵策一》)"以古为镜,可以知兴替。"(《旧唐书·魏征传》)"史之为务,申以

---

① 辜也平:《论中国现代传记文学的民族特色》,《文学评论》2005年第2期。

劝诫,树之风声。"(《史通·直书》)等说的均是这一道理。

《路在脚下》的作者正是深刻理解了传记文学的这一功用和特点,在写作过程中也做到了真实客观地反映历史事实,这样的例子在该书中可以说比比皆是。如写传主的生平事迹,怕自己说读者不够信服,作者引用了留存在传主家乡社旗县档案里的一段文字:"关于骆平安的一生经历,概括起来文字不多。下面是一份发布在网上的关于骆平安的履历表,其也被保存在河南社旗县在外工作社旗人履历表的汇总册里。"

传记既是传主一生重要事迹的记录,同时也是时代的反映,因为传主是社会人。因此,传主的生活就是时代的反映,没有脱离时代生活的人,也没有脱离时代背景而存在的传记文学,如果一个人的传记脱离了时代,脱离了国家和民族,那就不可能称之为传记文学。《路在脚下》中的传主骆平安出生于1948年,恰是新中国成立的前一年,说传主是随着新中国一起成长起来的,一点也不为过,新中国的经历也就是传主的经历,新中国的起起伏伏、潮起潮落在传主身上也都体现出来了,可以说,传主的命运和新中国的命运是紧密相连的。1966年,骆平安十八岁,正准备参加高考,原本风华正茂、积极进取、求学上进的年龄,却遭遇了史无前例的无产阶级"文化大革命",受这场运动的影响,传主和那个时代所有的青年学子一样,放下书本闹革命,这一"闹",将原本该上大学的时间推迟了:"按照毛主席的要求,学工、学农、学军。骆平安先是下乡学农,继而在1969年参加中国人民解放军,当上了一名无线电通信兵。1970年加入中国共产党,1975年3月复员到河南社旗。……1977年国家恢复高招制度,考入郑州大学物理系学习,1981年12月毕业分配到南阳师专工作。"之后,骆平安从最基层的团支部书记干起,直到后来的南阳师专校长、安阳师院院长。骆平安的一生实际上也是那个时代大部分有志青年学子的缩影。如果没有无产阶级"文化大革命",骆平安不会在而立之年才跨进大学的校门,同样,如果没有"四人帮"的被粉碎,也许骆平安一生就会在社旗的城关镇四队、农机修造厂和工商所度过,不可能成为大学校长。是时代改变了传主的命运,传主的命运同样也是时代的缩影。

而传记文学的真实性应该说是一部传记文学的立世之本,如果一部传记文学失去了真实,那这部传记文学几乎无法立足。传记文学之所以能打动读者、感染读者,最主要的是传记文学是真实的历史记录。所谓传记的真实,即传主以及传记中出现的所有人、所有事、所有关系都必须是真实的,有证可考,有据可查的,不能有任何一点虚构。该书的作者李芳菊是传主骆平安风雨同舟五十多年的妻子,他们之间不仅仅是夫妻,还是同学、同事,若论对于传主骆平安的了解,李芳菊当数第一人,由李芳菊为传主作传是再恰当不过的了。

应该说"知人论世"是传记文学写作的一个基本原则,按笔者理解,所谓"知人"就是作者对于传主的了解,也指传记文学的"实录性",我国传记文学的经典之作《史记》就因为其"实录性"强才备受后人青睐。东汉著名的史学家、文学家班固就曾经这样赞美《史记》:"其文直,其事核,不虚美,不隐恶。"(班固《汉书·司马迁传》)

作者所"知"的"这个人"应该是本真的人、客观的人,而不是虚幻的人、美化过的人。古人就十分讲究作传的原则:"不读其人一生所著之文,不可以作;其人生而在公卿大臣之位者,不悉一朝之大事,不可以作;其人生而在曹署之位者,不悉一司之掌故,不可以作;其人生而在监司守令之位者,不悉一方之地形土俗、因革利病,不可以作。"(顾炎武《日知录·志状不可妄作》)其实,何止是古代呢?现代传记作家写传记时同样也要坚持以事实为依据,遵循真实性的原则。曾经以写传记《张居正传》闻名的大家朱东润就曾经说过:"中国所需要的传记文学,看来只是一种有来历、有证据、不忌繁琐、不事颂扬的作品。"①胡适认为"传记的最重要的条件是纪实传真","要能写出他的实在身份,实在神情,实在口吻"。②

---

① 朱东润:《〈张居正大传〉序》,载《张居正大传》,长江文艺出版社,2016,第3页。
② 胡适:《〈南通张季直先生传记〉序》,《胡适学术代表作》(下),安徽教育出版社,2006,第166—167页。

传记文学写作不仅要求掌握海量的史料,而且还要言之有据,说真实的话,反映真实的时代精神。同时,作者除必须掌握立传者的资料外,还需熟悉其生活环境以及所处的时代,对立传者的了解和熟悉程度决定了传记文学的价值大小。《路在脚下》的作者因为与传主的特殊关系,她才能多个层面多角度地反映传主的生活、工作、思想和性格。于是,在《路在脚下》中出现了一个聪明、好学、言语不多、办事踏实认真,并且细心体贴、十分有孝心的传主形象。书中有一个章节是写骆平安的父亲去世的,作者这一节的标题就叫"那天傍晚他的哭声震耳欲聋"。1966年骆平安父亲去世时,骆平安还在南阳一高读高中,马上要毕业临近高考。父亲怕耽误他的学习,临死也不让家人告诉骆平安,这也是骆平安知道后号啕大哭的原因:"也就是在他们八人自北京学习'文化大革命'经验回来的那天傍晚,从我们三甲班教室前接近西院墙的一片空地里传出了骆平安震耳欲聋的哭声。这时我正沿着我们教室西墙外的小道赶往教室里开会,听到哭声大吃一惊。"父亲身体不好骆平安是知道的,而骆平安不知道的是,父亲为了不耽误他的学习,将自己生病的事情隐埋着他,致使他在父亲临终前没能见上一面。"1966年的农历正月十五,是骆平安离家返校的日子。父亲为了让他的平安按时返回学校安心学习,在1966年的农历正月十四那天,假装自己的病已经好了很多,勉强吃下一大碗饭。涉世不深的骆平安见父亲能够吃得下那么多饭,以为父亲真的好了,于是第二天——农历正月十五,放心地离开家回到了学校,可他亲爱的父亲却在1966年的农历正月十六那天悄悄地离开了人世。临终前他千叮咛万嘱咐他的母亲,高考前不能让平安知道自己去世的消息。"读着这段文字,我禁不住潸然泪下,一位体贴关爱孩子的父亲形象跃然纸上。试想,若不是同学关系,骆平安那震耳欲聋的哭声作者是听不到的,文章也就不会写得有那么强的现场感。

所谓传记文学的真实,除表现在笔者上述所说人物事件等真实外,还表现在另一个层面,那就是叙述的真实性。叙述的真实并不是作者将传主一生所有的事情都罗列出来就是真实的,而是要根据传主经历将具有代表性典型性的事例写出来。传记文学的写作目的不在于叙述传主的人生经历,而在于通过传主人生经历的叙述,体现出传主的人格魅力和精神品质,以及传主与历史环境相互关联的关系。

在这方面,《路在脚下》可谓匠心独运。《我们同窗的高中五年》到《上山下乡建设新农村》,就是从作者与传主由相识到相知再到相爱写起,以他们夫妻共同生活为背景,以作者陪伴为线索,将传主的生平事迹放在其中。这一方面增加了这部传记文学的真实感,同时也使得整部作品主次分明。尤其值得一提的是每一节的小标题,如:"南阳一高中的初次碰撞"

"相互接触的第二个碰撞点是第一学期的期中考试""为了省趟路费1964年放麦假时他没有回家""那天傍晚他的哭声震耳欲聋"等,这些看起来不太像标题的标题却明确了作者所叙述的内容。在标题的吸引下,让读者忍不住要读下去,一探究竟。

当然,正像"金无足赤,人无完人"一样,《路在脚下》也不是无懈可击、完美无缺的。作为一部传记作品,对于传主来说,应该是他一生的总结,而该书只侧重了他求学和年少时期,对于骆平安的工作经历,尤其是在领导岗位上的所思所想和所做写得比较少。而就骆平安一生来说,除了求学的经历外,作为南阳师专和安阳师范学院的带头人、一校之长,应该说还是有许多可写的东西,像对于学校的建设和发展,骆院长是有一些想法和做法的,这些对于后人来说,也是极其宝贵的经验,只可惜这方面作者着墨并不多。当然,作者之所以这样安排,绝不是因为材料掌握不充分。个中原委大家也是可以想到的,文无定法,作为局外人,我们就不必苛求了。